Matthias Pöhlmann

Freimaurer

Wissen was stimmt

HERDER spektrum
Band 5964

Das Buch

Sind die Freimaurer die heimlichen Drahtzieher des Weltgeschehens? Wirken sie als Teil eines undurchschaubaren Verschwörungsnetzes? Handelt es sich bei ihnen um die Nachfahren uralter Männerbünde? – Die Freimaurer umweht der Hauch des Geheimnisvollen. Merkwürdige Rituale, geheime Gesten, rätselhafte Symbole: Was verbirgt sich dahinter? Matthias Pöhlmann klärt auf über den Ursprung der Freimaurer und über die unterschiedlichen Logen. Er bringt Licht in die Geschichte der Freimaurerei und erläutert Herkunft und Funktion der wichtigsten Symbole. Das Interessanteste über die Ziele der Freimaurer, über ihre Zeremonien und über die Freimaurerei unserer Gegenwart.

Der Autor

Matthias Pöhlmann, Dr. theol., geb. 1963, ist seit 1999 wissenschaftlicher Referent der Evangelischen Zentralstelle für Weltanschauungsfragen (EZW) in Berlin; Näheres unter www.ezw-berlin.de.

Matthias Pöhlmann

Freimaurer

Wissen was stimmt

FREIBURG · BASEL · WIEN

Originalausgabe

© Verlag Herder GmbH, Freiburg im Breisgau 2008
Alle Rechte vorbehalten
www.herder.de

Umschlagkonzeption und -gestaltung:
R·M·E München/Roland Eschlbeck, Liana Tuchel
Umschlagmotiv © gettyimages

Herstellung: fgb · freiburger graphische betriebe
www.fgb.de

Gedruckt auf umweltfreundlichem, chlorfrei gebleichtem Papier
Printed in Germany

ISBN: 978-3-451-05964-3

Inhalt

1. Einleitung — 7

2. Daten und Fakten — 9
»Freimaurer wollen die Weltherrschaft«
Freimaurerei zwischen Fiktion und Realität — 9

„Freimaurer pflegen geheimnisvolle Rituale"
Loge, Tempel und Grade — 17

„Freimaurer sind Esoteriker"
Freimaurerei und inneres Erleben — 22

3. Entstehung und Geschichte — 25
»Freimaurerei ist so alt wie die Menschheit«
Ursprungslegenden und Mythen — 25

»Die Logen wurden von der Obrigkeit nicht gern gesehen«
Freimaurerische Gründerjahre — 30

»Die Freimaurer orientierten sich an den Ritterorden«
Hochgrade, Ritterromantik und Illuminaten — 36

»Die Freimaurer waren ein Opfer des Nationalsozialismus«
Die deutsche Freimaurerei im 20. Jahrhundert — 46

4. Grundlagen und Praxis — 57
»Freimaurer haben okkulte Symbole und Rituale«
Brauchtum und Zeichen — 57

»Freimaurer legen einen Eid auf die Finsternis ab«
Verpflichtung und Gelöbnis — 67

»Freimaurer schmücken sich mit vielen Titeln«
Ämter und Auftreten   72

»Die Loge ist ein Stammtisch für reiche Männer«
Feste   75

»Freimaurer wird man nur durch persönliche Empfehlung«
Initiation in einen Lebensbund   80

»Freimaurer müssen sich in einen Sarg legen«
Erhebung (Meistergrad)   93

5. Freimaurer heute   101
»Freimaurer sind eine aussterbende Zunft«
Königliche Kunst zwischen Mitgliederschwund und Stagnation   101

»Die Freimaurer sind eine Sekte«
Männerbund zwischen Ethik und Religion   107

»Freimaurerei ist Männersache«
Frauenlogen   109

»Lions Club und Rotarier sind Freimaurer-Vereinigungen«
Service-Clubs   112

»Freimaurerei ist unmodern und letztlich überholt«
Königliche Kunst zwischen Geheimnis und Öffentlichkeit   115

Anhang
Chronologie   118
Berühmte Freimaurer   121
Internetadressen in Auswahl   123
Ausgewählte Literatur   126

Einleitung

Harmloser Männerverein oder gefährlicher Geheimbund? Regieren die Freimaurer die Welt? Was wollen sie wirklich? Von jeher ranken sich viele Gerüchte und Spekulationen um den Männerbund. Seine Symbolwelt und geheimnisvollen Rituale bieten Stoff für spannende Inszenierungen in Literatur und Film, aber auch für böswillige Behauptungen. Verschwörungstheoretiker unterstellen den Freimaurern »dunkle Machenschaften« und sehen in ihnen die heimlichen Drahtzieher des Weltgeschehens. Die Spekulationen und Fantastereien nehmen kein Ende. Solide Informationen sind deshalb besonders gefragt.

Geheimbund?

Die Freimaurer können auf eine fast 300-jährige Geschichte zurückblicken. Zwischen 1935 und 1945 war die Freimaurerei im westlichen Teil Deutschlands verboten, im östlichen Teil noch bis zum Ende der Deutschen Demokratischen Republik (DDR). Freimaurer sind verschwiegene Männer. Sie schätzen die Tugend der Verschwiegenheit, die ihnen allerdings oft negativ ausgelegt wird. In den letzten Jahren haben die Logen ihre Öffentlichkeitsarbeit intensiviert – im Internet, aber auch durch ihr Wirken vor Ort. Es wird zum Tag der offenen Tür oder auch zu Informationsveranstaltungen eingeladen. Ausstellungen in städtischen Museen widmen sich der wechselvollen Geschichte örtlicher Logen.

Verschwiegenheit

Im Mai 2008 jährt sich für die deutschen Freimaurer ein besonderes Ereignis zum 50. Mal: die Gründung der Vereinigten Großlogen von Deutschland (VGLvD), einer Art Dachverband der insgesamt fünf Großlogen. Damit erlebte die Freimaurerei nach dem Zweiten Weltkrieg in Deutschland eine neue organisatorische Basis. Von jeher waren die Freimaurer ein Männerbund. Doch mittlerweile haben auch Frauen die »Königliche Kunst« für sich entdeckt. In den letzten Jahren sind hierzulande mehrere Frauenlogen entstanden.

Das vorliegende Buch will zuverlässig und sachlich über die Geschichte und über das Leben in den Logen informieren. Die im Anhang genannten Internetadressen und die angegebene Literatur sollen dem Leser dabei helfen, sich eine eigene Meinung über die Freimaurer zu bilden – jenseits von Spekulation und Verschwörungsmythos.

Daten und Fakten

»Freimaurer wollen die Weltherrschaft«

Freimaurerei zwischen Fiktion und Realität

Immer wieder wird offen oder versteckt die Befürchtung geäußert, Freimaurer würden politische Macht anstreben und deshalb gezielt Schlüsselpositionen in Politik und Wirtschaft einnehmen. Die »geheimen Brüder« gelten in Verschwörungsszenarien als dämonische Macht, als allgegenwärtige Drahtzieher einer Weltverschwörung und Mitwirkende in einer Koalition der Bösen oder gar als antichristlicher Bund.

Noch immer haben Freimaurer unter Diffamierungen und Unterstellungen zu leiden, wenngleich sie in den letzten Jahren ihre Anstrengungen intensiviert haben, das eigene Anliegen – bei aller Diskretion im Hinblick auf ihre Rituale – auf publizistischem Wege zu profilieren. Noch immer gibt es in der Öffentlichkeit große Vorbehalte und Verdächtigungen. Verschwörungsmythen halten sich hartnäckig. Seit ihren Anfängen im frühen 18. Jahrhundert war die Freimaurerei

Verschwörungsmythen

vielfältigen Angriffen und Diffamierungen ausgesetzt. Virulent ist in einschlägigen Büchern noch immer der so genannte antimaurerische Verschwörungsmythos, der sich bis in unsere Tage hält. Er wird fiktional in Filmen wie »Das Vermächtnis der Tempelritter« (2004), »Anatomie 1 und 2« (2000/2003), »From Hell« (2001) oder als Mystery-Unterhaltungsstoff in Buchform verbreitet. In Dan Browns Bestseller »Illuminati« werden die Freimaurer zu ahnungslosen Helfern der Geheimgesellschaft der Illuminaten. Browns neues Buch »The Salomon Key«, das 2008 erscheinen soll, widmet sich dem mutmaßlichen Einfluss der Freimaurer auf die amerikanische Politik. Neben diesen fiktionalen Stoffen taucht der antifreimaurerische Verschwörungsmythos in angeblich aufklärenden Sachbüchern oder in christlich-fundamentalistischen oder katholisch-traditionalistischen Traktaten auf. Am Rand der Esoterikszene finden sich Bücher, die auf den angeblich bedrohlichen wie geheimnisvollen Einfluss der Freimaurer auf das öffentliche Leben hinweisen wollen. Zu diesem Genre braun-esoterischer Literatur sind z. B. die Werke von Jan Udo Holey alias Jan van Helsing (»Geheimgesellschaften und ihre Macht im 20. Jahrhundert«) und Jo Conrad zu rechnen. Auffällig ist, dass auf der Basis eigenwilliger Interpretationen viel behauptet und nichts bewiesen wird.

Geheimloge »Propaganda Due – P2«

Als Beleg für freimaurerische Verschwörungen dient immer wieder das Treiben der römischen Loggia Propaganda 2 (Due), auch »P2« genannt, in den 1970er und 1980er Jahren. Ursprünglich

1887 gegründet, diente sie als Gegenstück zur römischen Kurienkongregation »Propaganda Fide«. In der Zeit des Faschismus ging sie unter, wurde aber 1944 neu belebt. 1967 wurde Licio Gelli, obwohl er auch das Amt des Komturen im »Ritterorden vom Heiligen Grabe« versah, zum Meister vom Stuhl ernannt. Mit diesem Doppelamt verletzte er die Statuten der italienischen Großloge, weswegen er auch am 4. September 1982 ausgeschlossen wurde. Die Geheimloge wurde im selben Jahr vom italienischen Parlament verboten. Die Mitglieder der P2 wollten mit allen Mitteln den Machtantritt der italienischen Kommunisten im Falle ihres Wahlsiegs durch einen Putsch verhindern. In den 1970er Jahren konnten die Kommunisten bei den Parlamentswahlen große Gewinne verzeichnen. Italien versank in Chaos und Terrorismus. Deshalb begannen die P2-Mitglieder, die Spitzenpositionen im Staat zu unterwandern, indem sie zahlreiche einflussreiche Politiker, Polizisten und Geheimdienstmitarbeiter in ihren Reihen sammelte. Wie sich später zeigte, waren Mitglieder der Geheimloge direkt und indirekt an zahlreichen Attentaten und terroristischen Aktionen beteiligt. Nachträgliche Untersuchungen haben festgestellt, dass P2 die Unterwanderung des italienischen Staatsapparates angestrebt und für diesen Zweck auch Kriminelle angestiftet, finanziert und bewaffnet hatte. Dieser Skandal, in den auch viele Regierungsmitglieder verwickelt waren, erschütterte nicht nur die italienische Öffentlichkeit, sondern bot in der Folgezeit den idealen Nährboden für das Aufblühen antifreimaurerischer Ressentiments.

Die »Königliche Kunst«

Was ist Freimaurerei? Auf diese Frage gibt es innerhalb des Männerbundes keine einheitliche Antwort. Freimaurer verzichten bewusst auf eine verbindliche Erklärung. Die Freimaurerei wird nach alter Tradition auch »Königliche Kunst« (engl. Royal Art) genannt. Die Bezeichnung findet sich bereits in der wichtigsten Urkunde der heutigen Freimaurerei, in den »Alten Pflichten« von 1723, auf die später einzugehen sein wird. Offensichtlich soll damit auf die Bausage des jüdischen Königs Salomo angespielt werden, dessen Kunst bei der Errichtung des Tempels durch Baumeister Hiram zur Anwendung gekommen sei. Andere Deutungen gehen davon aus, dass die mittelalterlichen Steinmetzzünfte immer wieder von Monarchen gefördert wurden. Dadurch konnten sich die Baumeister des königlichen Schutzes sicher sein.

Begriffsklärung

Der Begriff »Freimaurer« ist eine deutsche Übertragung des englischen Wortes »freemason«, das allgemein die Steinmetze und Kirchenbauer bezeichnet. In einer Aufzeichnung über die Zusammenkunft von Vertretern der Zünfte in London taucht der Begriff »freemason« erstmals 1375 auf. 1396 wird der gleiche Ausdruck in einer Liste der Bauhandwerker der Kathedrale von Exeter verwendet. Die unterschiedliche Verwendung des Begriffes führt dazu, dass bis heute seine ursprüngliche Bedeutung nicht restlos geklärt ist. Deshalb gibt es herkömmlich zwei Erklärungsvarianten für seine Entstehung:

»Frei(stein)- maurerei«

Mit »freemason« wird zum einen der höher qualifizierte und damit auch privilegierte Zunftmaurer bezeichnet, der den »free stone« (den »freien Stein«) – d. h. den für Schmuck- und Zierzwecke vorgesehenen, dichteren Stein – zu bearbeiten hatte. Gemeint ist damit ein feinkörniger Sand- oder Kalkstein, der sich zu feiner künstlerischer Bearbeitung am Bau eignet – im Gegensatz zu den Rausteinmaurern (»rough-stone-masons«), die mit niederen Steinmetzarbeiten, wie mit dem Behauen des grobkörnigen Steins (»rough stone«), betraut waren. Ein Freimaurer (»free-stone-mason«) verfügte also über besondere fachliche Kenntnisse, die gegenüber anderen »geheim« gehalten wurden. Hierzu gehörte z. B. auch die Kunst, freitragende Gewölbe zu errichten. Seine Arbeit ging also weit über das bloße Bearbeiten des einfachen Steins oder das Mauern (»bricklayer«) im uns geläufigen Sinne hinaus.

Nach der zweiten Herleitung kommt der Vorsilbe »free-« eine besondere Bedeutung zu. Der Freimaurer ist hier jemand, der – vom städtischen Zunftzwang frei – von Ort zu Ort zog, jedoch Mitglied einer Bruderschaft der kirchenbauenden Maurer war. Dadurch kamen ihm besondere Vorrechte zu, denn die damaligen Gilden und Zünfte waren nicht autonom, sondern an die landesherrliche oder städtische Obrigkeit gebunden, die auch den freien Ortswechsel untersagte.

Der vom Zunftzwang Befreite

Bis heute ist nicht zu klären, welche der beiden Herleitungen die ursprünglichere ist. Beide lassen sich in der freimaurerischen Literatur finden. Es ist nicht ausgeschlossen, dass die Doppeldeutigkeit dieses Begriffs bereits im Sprachgebrauch

Bauhütten als Ursprung

DATEN UND FAKTEN

des Mittelalters mitschwang. Trotz mancherlei fantastischer Entstehungslegenden gelten in der freimaurerischen Geschichtsforschung die handwerklichen Bruderschaften und Bauhütten im Umfeld der Dombauten als eigentliche Vorläufer bzw. Vorbilder für heutige freimaurerische Gebräuche. Die Bauhütten bestanden aus Angehörigen des Steinmetzstandes und nahmen in ihre Reihen auch Maurer und Dachdecker auf.

Freimaurer heute

Heutige Freimaurer sehen sich in dieser Tradition. Sie wollen im übertragenen Sinn am Tempel der Menschheit arbeiten. Mit der Königlichen Kunst sollen die Mitglieder des Bundes zu wahrer Humanität, Toleranz und Brüderlichkeit angeleitet werden. Der Ort, in der diese Haltung eingeübt werden soll, ist die Loge. Dazu dienen die Gebräuche und Symbole, die aus der mittelalterlichen Bauhüttentradition übernommen werden. Wort, Musik und Rituale spielen dabei eine wichtige Rolle. Damit soll das Ideal wahrer Freundschaft und Bruderliebe geübt werden. Freimaurer begreifen sich als Gemeinschaft von Männern, in der geistige Vertiefung und humanitäre Werte verwirklicht werden sollen. Die Königliche Kunst wird damit zur »Einübungsethik«, um die Würde des Menschen zu achten, für Toleranz einzutreten – ohne Rücksicht auf Herkunft, Abstammung oder Nationalität.

Humanität, Toleranz und Brüderlichkeit

Die Rückbesinnung auf Werte wie Mitmenschlichkeit und Toleranz habe – davon sind die Freimaurer überzeugt – für die Gegenwart nach wie vor große Aktualität. Von freimaurerischer Seite

> In den freimaurerischen Ritualen werden nicht nur die freimaurerischen Grundlagen vermittelt, sondern auch durch Symbole und Bilder erlebbar gemacht. Ihr Akzent liegt auf der Ethik und richtet sich besonders am Individuum aus, das sich als Teil eines weltumspannenden Bruderbundes begreift. Hier hat auch die Rede von der »Bruderkette« ihren Ort. Eine Weltorganisation, die für alle Mitglieder verbindliche Bestimmungen treffen könnte, besteht nicht. Gleichwohl sind bestimmte Grundüberzeugungen, Lehrarten und Schwerpunkte in den jeweiligen freimaurerischen Systemen festgelegt. Auf internationaler Ebene gibt es erhebliche Unterschiede.

wird nicht nur auf bedeutende Freimaurer aus der Geschichte hingewiesen, sondern mit geradezu überschwänglichen Worten die bleibende Bedeutung der Königlichen Kunst für das friedliche Miteinander in der Gegenwart gepriesen. So würden sich in den Logen Menschen zusammenfinden, die sich sonst nie begegnet wären. Streitgespräche über Politik und Religion sind dort verpönt. So sollen sich Menschen unterschiedlichen Glaubens und unterschiedlicher Nationalität brüderlich begegnen können. Die Freimaurerei möchte nicht auf religiöse oder konfessionelle Vorgaben beschränkt sein. Sie möchte vielmehr Raum geben für eine die Nationalitäten und Religionen übergreifende Begegnung im Geist der Toleranz, Humanität und Brüderlichkeit.

Freimaurerlogen engagieren sich auf sozial-karitativem und kulturellem Gebiet – durch die gezielte finanzielle Unterstützung einzelner wohltätiger Projekte. Die »Großloge der Alten Freien und Angenommenen Meister von Deutschland« verleiht regelmäßig den Kulturpreis der Deutschen Freimaurer, um damit Persönlichkeiten auszuzeichnen, die sich in hervorragender Weise um Humanität und Toleranz verdient gemacht haben. Zu den letzten Preisträgern zählten der Journalist Fritz Pleitgen (2004) und der katholische Theologe Hans Küng (2007), der das Projekt Weltethos initiiert hat.

»Freimaurer pflegen geheimnisvolle Rituale«

Loge, Tempel und Grade

Der Versammlungsort der Freimaurer ist die Loge, die freimaurerische »Baustelle«. Auf den bauhandwerklichen Gesamtzusammenhang moderner Freimaurerei deutet auch der Begriff »Loge« (engl. lodge) hin.

1278 erstmals urkundlich in einer Abrechnung über den Bau der Abtei von Vale Royal erwähnt, bezeichnete »lodge« ursprünglich ein Holzgebäude, das von den Handwerkern als Werkstatt und später als Aufenthalts- und Versammlungsraum genutzt wurde. In späterer Zeit wurde es – ähnlich dem deutschen Begriff der »Bauhütte« – zur Bezeichnung für die mehr oder weniger fest organisierten Gruppen von Steinmetzen, die gemeinsam an einem größeren Bauvorhaben arbeiteten. Diese Versammlungsorte wurden auch zur Aufnahme neuer Lehrlinge oder zur Freisprechung von Gesellen genutzt. Die ersten »spekulativen Maurer« trafen sich in Tavernen bzw. in Gasthäusern. Erst in späterer Zeit ging man dazu über, eigenen Grundbesitz zu erwerben und Logenhäuser zu errichten.

Die »Loge«

In der heutigen Freimaurerei kann der Begriff »Loge« mehrere Bedeutungen haben. Er bezeichnet

- den Raum bzw. Ort, in bzw. an dem die Freimaurer regelmäßig zu ihrer Arbeit zusammenkommen;

- die Organisation der versammelten Freimaurerbrüder: Die örtlichen Logen sind nach dem Vereinsrecht konstituiert und sind daher rechtlich eingetragene Vereine. Die Loge bildet die kleinste organisatorische Einheit der Freimaurer.
- einzelne Veranstaltungen (wie die Tempelarbeit), je nach gegebenem Anlass: Aufnahmeloge, Trauerloge, Tafelloge;
- im übertragenen Sinn auch die freimaurerische Baustelle: In der Mitte der Loge ist als Arbeitsplan ein Teppich ausgelegt. Manchmal wie die Loge auch als Bild des Weltalls bezeichnet; Sonne, Mond und Sterne sind als Himmelslichter bildlich dargestellt. Die Decke eines Logenraumes kann daher auch als Sternenhimmel gestaltet sein.

Die Bezeichnung des Versammlungsortes ging damit direkt auf die Versammlung über. »Loge« ist kein gesetzlich geschützter Begriff, weswegen ihn auch andere Gruppen verwenden können, die inhaltlich mit der Freimaurerei nichts zu tun haben, so z. B. Okkultgruppen wie Fraternitas Saturni oder die esoterisch geprägte moderne Rosenkreuzergemeinschaft AMORC.

Der Tempel Im eigentlichen Zentrum freimaurerischer Praxis steht die rituelle Arbeit, die so genannte Arbeit im Tempel. So nennen die Freimaurer den jeweils nach den rituellen Arbeiten speziell gestalteten Versammlungsraum. Mit Ritualen und einer Symbolwelt, die der Welt der mittelalterlichen Steinmetzbruderschaften entstammt,

> Die Logen sind in Deutschland je nach Tradition und geschichtlicher Entwicklung Teil einer Großloge, die die höchste freimaurerische nationale Organisationsgröße bildet. Die verschiedenen Logen einer Großloge arbeiten in der Regel nach dem gleichen Ritualsystem. Rechtlich sind die ihr angehörenden Logen dazu verpflichtet, den Satzungen der jeweiligen Großloge zu folgen. Logen, die die drei Grade (Lehrling, Geselle, Meister) bearbeiten, werden auch »Johannislogen« genannt.

soll der Einzelne zur Arbeit an der eigenen Persönlichkeit angeleitet werden. Es geht um Selbsterkenntnis, Selbstbeherrschung und Selbstveredelung. Mit den Worten der Freimaurerei: »Schau in dich!«, »Schau um dich!«, »Schau über dich!«.

Innerhalb dieses symbolischen Werkbundes erwirbt der Bewerber im Lauf der Jahre verschiedene Grade: Lehrling, Geselle, Meister. Am Anfang des Weges steht – bei Aufnahme in eine Loge – die Arbeit am rauen bzw. unbehauenen Stein. Er ist das Symbol für den zunächst unvollkommenen Menschen, der behauen, d. h. bearbeitet werden soll (Lehrlingsgrad). Der nächste Schritt ist die Selbstbeherrschung. Als Symbol dafür dient der kubische Stein: »Wie er durch seine winkelrechte Form sich mit den anderen behauenen Steinen in den Tempelbau einpassen

Die Grade

lässt, so soll sich der Geselle harmonisch in die Gemeinschaft einfügen.« Die höchste Stufe der sog. Johannismaurerei und das nach Angaben von Freimaurern tiefste Erlebnis ist die sog. Meistererhebung, die Stufe der Selbstveredelung. Dieser Stufe ist als Symbol das Reißbrett zugeordnet. Darauf entwirft der Meister mit Hilfe von Winkelmaß und Zirkel die Zeichnung, die zur Vollendung des Tempelbaus führen soll. Der Ablauf der einzelnen Rituale bzw. die Ritualtexte obliegen der Verschwiegenheit und sind Außenstehenden nicht zugänglich. Der Verschwiegenheit kommt dabei eine besondere Aufgabe zu: Sie dient als Mittel zur Selbsterziehung, um unter den »Brüdern«, wie sich Freimaurer untereinander nennen, eine Atmosphäre des Vertrauens und der Freundschaft zu schaffen.

Ritualerlebnis als Geheimnis

Schon immer wirkten die Freimaurer auf ihre Umgebung geheimnisvoll – und das ist bis heute so geblieben. Heutige Freimaurer lehnen es in der Regel ab, als Geheimgesellschaft bezeichnet zu werden, um Angriffen, Vorwürfen oder Verschwörungstheorien entgegenzutreten. In der Forschung bezeichnet man die Bruderschaft der Freimaurer dennoch als Geheimgesellschaft, weil sie ein Geheimnis bewahren möchte. Das Geheimnis ist zunächst die Erfahrung beim Ritual der Aufnahme, bei dem ein »Suchender« zum Lehrling der Freimaurerei wird. Diese Erfahrung kann, so argumentieren Freimaurer, nicht an einen anderen vermittelt werden, ohne dass diese ihm selbst zuteil wird, dass er selbst zum Freimaurer wird. Damit könne das Geheimnis nicht verraten werden.

Andere »Geheimnisse« werden dem Freimaurer im Verlauf der jeweiligen Rituale vermittelt. Sie umfassen – je nach Grad, der im Ritual »bearbeitet« wird – Wörter, Zeichen und Handgriffe, aber auch standardisierte Fragen und Antworten. Damit können sich Freimaurer untereinander als solche zu erkennen geben. Gleichzeitig können sie feststellen, welche Grade jemand erworben hat. Diesen, nach freimaurerischer Auffassung, »traditionellen Geheimnissen« kommt kein innerer Wert zu. Sie werden eher als Teil eines »eleganten Spiels« in der Freimaurerei begriffen. Die Ritualtexte können jedoch in größeren Bibliotheken und im Internet eingesehen werden. Die Geheimhaltung der Ritualtexte wird von freimaurerischer Seite damit begründet, dass der Kandidat die Rituale eindrucksvoller erlebe, wenn er nicht vorher schon von ihnen Kenntnis habe. Besonders das Erleben des freimaurerischen Rituals wird als Erlebnis begriffen, das sich einer objektiven Beschreibung zwangsläufig entziehen müsse. Logenmitglieder weisen stets darauf hin, dass kein erzählter oder gehörter Bericht das eigene Erleben ersetzen könne. Deswegen könne dieses Geheimnis der Freimaurer – d. h. die Wirkung, die vom Erlebnis der Aufnahme und des Rituals ausgeht – weder mitgeteilt noch verraten werden.

»Freimaurer sind Esoteriker«

Freimaurerei und inneres Erleben

Esoterik als Ziel? Was suchen Männer in der Freimaurerei – und was finden sie? Einen interessanten Einblick in die persönlichen freimaurerischen Sinndimensionen gibt eine Mitgliederbefragung, die vor wenigen Jahren in den österreichischen Logen durchgeführt wurde. An erster Stelle nannten die Befragten die soziale Nähe, wie sie in Form von Freundschaft und menschlichen Beziehungen erfahren wird. An zweiter Stelle rangiert der Lebenssinn, den die Königliche Kunst dem Einzelnen vermittelt. Folgende Aspekte wurden darunter genannt: Bearbeitung individueller Sinnfragen, Optimismus und positive Weltsicht. Erst an dritter Stelle nannten die Befragten das Thema »Esoterik«. Darunter seien jedoch nicht Aspekte des modernen Esoterik-Marktes zu verstehen, sondern vielmehr eine Form der »Innerlichkeit«: Im Rahmen dieses weit gefassten Esoterik-Begriffs geht es den Befragten um die »generelle Identifikation mit rituellen und symbolischen Werten«, aber auch um Entspannung und Beruhigung. An vierter und fünfter Stelle wurden genannt: die Möglichkeit der Selbstentfaltung in Form von Kreativität und der Vermittlung eines Selbstwertgefühls sowie der Aspekt Bildung, die innerhalb der Logen durch Vorträge und gegenseitigen Austausch vermittelt wird.

Esoterik als wahre Erkenntnis

In einzelnen Veröffentlichungen von Freimaurern lässt sich ein unbefangener Umgang mit dem Begriff Esoterik erkennen. In Abgrenzung zu allen Erscheinungsformen des heutigen Esoterik-Marktes bzw. des oberflächlichen Esoterik-Trends erblickt die Freimaurerei in der Esoterik »die wahre Erkenntnis des freimaurerischen Gedankens, als auch die auf das Ich gerichtete freimaurerische Selbstbeschau zum Zweck der Selbstveredelung«. Ein okkultistisch-magisches Verständnis der Wirkung der Rituale wird abgelehnt. Vielmehr wirkten diese – so die Freimaurer – im gruppendynamischen Prozess auf psychischer Ebene. Es gibt innerhalb der Freimaurerei Richtungen, die sich stärker am Erbe der Aufklärung orientieren. Andere wiederum versuchen stärker in die Symbolik einzudringen und wahre Erkenntnis des freimaurerischen Gedankengutes zu erschließen, indem sie sich auf Traditionen der Mysterienbünde, der Gnosis und der Alchemie rückbesinnen oder sie in die individuelle freimaurerische Reflexion mit einbeziehen.

Esoterik als Selbsterkenntnis

Diese »esoterische« Richtung will den Freimaurer zum Verständnis seines Daseins und zum Erkennen seines Lebenssinns führen. An anderen Stellen weisen Freimaurer darauf hin, dass die Esoterik im Sinne einer Geheimlehre der Königlichen Kunst wesensfremd sei. Stattdessen wird auf das innere Erleben hingewiesen, was sich ganz auf der Linie der ursprünglichen Bedeutung des griechischen Adjektivs »esoterikos« (dt. nach innen gewandt) bewege. Ein Freimaurer könne allenfalls Esoteriker in dem Sinne sein, als er auf sein Inneres höre und sich selbst auslote. Der Freimaurerei gehe es nicht um Vermittlung eines Geheimwissens, sondern um Selbsterkenntnis, Brüderlichkeit und individuelles ethisches Wachstum – im geschützten Raum einer Loge. Für den einzelnen Freimaurer vollzieht sich dort die Arbeit an der eigenen Persönlichkeit.

Entstehung und Geschichte

»Freimaurerei ist so alt wie die Menschheit«

Ursprungslegenden und Mythen

Seit Beginn gibt es in der freimaurerischen Literatur viele Legenden und Mythen, von denen die überwiegende Zahl ins Reich der Fantasie oder der Spekulation zu verweisen ist. Die hier und da festzustellende Berufung auf den Ritterorden dient hingegen innerhalb des freimaurerischen Selbstverständnisses zur Ausformung eines Rituals, wie es ohnehin nur in bestimmten einzelnen Lehrarten anzutreffen ist. Bisweilen neigt man in freimaurerischen Darstellungen dazu, sich auf ehrwürdige Traditionen zu berufen, um dem eigenen Anliegen und den jeweiligen Ritualsystemen besondere Dignität zu verleihen. Teilweise wird auch versucht, die Freimaurerei als eine der Menschheitsgeschichte innewohnende geistige Idee zu charakterisieren. So heißt es in älteren Selbstdarstellungen, die Freimaurerei sei so alt wie die Menschheit überhaupt. Solche idealisierten Darstellungen sind, wie die so genannte masonische (freimaureri-

Produkt der Neuzeit

sche) und nichtmasonische Forschung herausgearbeitet hat, nicht haltbar. Offensichtlich handelt es sich dabei um nachträgliche Rekonstruktionen oder Idealisierungen, die aus religionsgeschichtlicher Perspektive nicht zu belegen sind. Einzelne Lehren, Praktiken und Symbole in der Freimaurerei mögen durchaus religionsgeschichtliche Vorläufer haben. In ihrer institutionellen Form jedoch ist die Freimaurerei ein Produkt der Neuzeit.

> **In manchen freimaurerischen Darstellungen wird der Eindruck erweckt, die Königliche Kunst gehe zurück auf das Wissen der alten Ägypter oder sei sogar so alt wie die Menschheit selbst. Bereits in den 1723 von dem schottischen Geistlichen und Londoner Logenmitglied James Anderson (1680–1739) vorgelegten »Alten Pflichten« (auch Konstitutionenbuch genannt) – der wichtigsten Urkunde heutiger Freimaurerei – wird eine historisch unzutreffende genealogische Entstehungsgeschichte entfaltet, die mit Adam einsetzt und über die Bibel fortgeführt wird. Anderson benutzte vielfältige alte mündliche und schriftliche Überlieferungen und lehnte sich an schottische Muster an.**

Bauhütten als Vorbild

Als authentischer Mutterboden für das Entstehen moderner Freimaurerei erweisen sich nach heutiger Forschung die mittelalterlichen Bauhütten, die es überall in Europa gab. Ihre Blütezeit erlebten sie in der Zeit vom 13. bis Mitte des

15. Jahrhunderts. Ihre historischen Wurzeln haben diese Steinmetz-Sozietäten wiederum im alten Benediktinerorden, der sich neben verschiedenen Künsten auch der Baukunst in ihrer höchsten Form, der Errichtung sakraler Bauten, widmete. Die Mönche unterstanden dem Papst und zogen von Land zu Land. Dadurch hatten sie im Unterschied zu den städtischen Zünften überall freies Geleit. Die Steinmetze gaben sich eigene Ordnungen, da sie weder den kirchlichen Vorgaben noch dem städtischen Zunftzwang unterworfen waren. Darin regelten sie die Organisation des Handwerks, seine Gerichtsbarkeit und den Baubetrieb im Allgemeinen. Hinzu kam die Unterstützung bei Krankheit oder Arbeitslosigkeit. Darüber hinaus regelten die Steinmetzordnungen auch das moralische Verhalten der Brüder untereinander und nach außen. Besonders wurde auf die Bewahrung des Handwerksgeheimnisses geachtet. Vor dem Hintergrund dieser Privilegien erklärt sich auch das sich allmählich herausbildende Selbstbewusstsein der Bauhüttenbruderschaften. Sie begannen, untereinander ein soziales Netz zu entwickeln, das das Zusammengehörigkeitsgefühl stark bestimmte und auch die eigenen Zunftgebräuche vor Missbrauch und Scharlatanerie schützte. Auf die Welt der Steinmetzbruderschaften und Dombauhütten des Mittelalters weisen besonders die heutigen freimaurerischen Symbole und Rituale hin.

Die Freimaurer begreifen sich damit in der Tradition der mittelalterlichen Steinmetzbruderschaften, die eigene Gebräuche und Traditionen entwi-

Geistige Maurerei

ckelt haben. Zum Schutz ihres Berufsgeheimnisses haben sie geheime Griffzeichen und Passwörter entwickelt. Doch im Lauf der Zeit verwandelte sich diese Werkmaurerei (sog. operative Freimaurerei) in die geistig-spekulative Maurerei. Über die Gründe ist nur wenig bekannt. Es ist anzunehmen, dass die Zeit der großen Kathedralbauten sich ihrem Ende näherte, womit auch die Bedeutung der Steinmetzzünfte abnahm. Nunmehr ließen sich auch Personen aufnehmen, die nicht den Beruf des Steinmetzen ausübten, aber mit den alten Symbolen und Gebräuchen die Arbeit am geistigen Tempel fortsetzen wollten. Offensichtlich waren die Steinmetzbruderschaften wegen ihres tradierten, geheimen Wissens und nicht zuletzt wegen der internen Versorgungsstruktur bei Krankheit, Invalidität und Alter noch attraktiv.

England als Mutterland

In der Forschung gilt England als das Mutterland der modernen Freimaurerei. Vorläufertraditionen werden jedoch auch für Schottland bzw. die schottische Kultur vermutet. Von England aus wirkte das Brauchtum besonders nachhaltig. Steinmetzgilden haben in England eine lange Tradition. Sie bestanden schon im 14. Jahrhundert. Neben den eigentlichen Bauhütten entwickelten sich auch Zunftgenossenschaften, die bruderschaftlichen Charakter hatten. So bildete sich die Company of Freemasons heraus, die sich in verschiedenen Teilen Englands nachweisen lässt. Die Ziele dieser Company waren insbesondere religiöser und karitativer Natur (Unterstützung von Pilgern, Armen und Krankenfürsorge).

Zu beobachten ist, dass Zunft und Bruderschaft allmählich in dieser bruderschaftlichen Vereinigung miteinander zu verschmelzen begannen. Es traten dem Bund Männer bei, die zur Werkmaurerei keinerlei Beziehung hatten. Es waren Gebildete, Adelige und auch Geistliche – Personen, die jetzt als »angenommene Maurer« bezeichnet wurden. Immer mehr Nichthandwerker schlossen sich den Genossenschaften an und konnten dadurch an deren Privilegien teilhaben. Vermutlich waren die Gründe, diesem Bund beizutreten, vielschichtig. Besonders anziehend wirkte sicherlich die Pflege der Brüderlichkeit und der Toleranz. Es war in England die Zeit der Glaubenskämpfe. Die Loge wurde zum einzigen Ort, wo Katholiken und Protestanten miteinander Kontakt pflegen und wo Freundschaft zwischen Andersgläubigen und politisch unterschiedlich Denkenden möglich wurde. Zeitlich lässt sich der Übergang von den Steinmetzbruderschaften zur spekulativen Maurerei auf Grund fehlender Quellen nicht exakt datieren.

»Die Logen wurden von der Obrigkeit nicht gern gesehen«

Freimaurerische Gründerjahre

Beginn in London

Der organisatorische Beginn der spekulativen Freimaurerei wird herkömmlich auf den Johannistag 1717 datiert – den Tag (24. Juni), an dem sich in London vier (möglicherweise auch fünf) Logen, die nicht mehr praktisch (also nicht mehr werkmaurerisch-operativ) arbeiteten, zu einer Großloge zusammenschlossen und sich nur noch geistiger, philosophischer und symbolischer Werkzeuge für ihre Arbeit bedienten. Seither gilt Johannes der Täufer als Schutzpatron der Freimaurer. Ihr erster Großmeister wurde Anthony Sayer (ca. 1672–1742). Allerdings ist dieser Gründungsakt in der historischen Forschung wegen fehlender Quellen und Dokumente umstritten.

Kontinentaleuropa

Zunächst breitete sich der Freimaurerbund in Großbritannien aus, zwei Jahrzehnte später konnte diese Idee auch auf dem kontinentalen Festland, in Frankreich, in den Niederlanden, in Deutschland und Österreich Fuß fassen. Bestanden bis 1750 insgesamt 48 Logen mit 2900 Mitgliedern, so wuchs bis 1789 ihre Zahl auf 348 Logen mit 23000 Freimaurern an, sodass für das 18. Jahrhundert von einer Gesamtzahl von 450 Logen mit 27000 Mitgliedern auszugehen ist. Ein Netz von Logen überzog schon bald ganz Europa und reichte noch vor der Jahrhundertmitte von Paris bis St. Petersburg, von Kopenhagen bis Neapel und sogar bis in die außereuropäischen Kolonien, etwa nach Neuengland.

> **Der erste Deutsche, der 1725 Aufnahme bei einer der vier Londoner Gründungslogen, der Loge »Rummer und Grapes«, fand, war Graf Albrecht Wolfgang von Schaumburg-Lippe, ab 1728 Regent von Schaumburg-Lippe. Friedrich Wilhelm I. von Preußen soll sich ihm gegenüber abfällig über die Freimaurerei geäußert haben, wohingegen sich der Graf offen und standhaft zu ihr bekannte. Dies soll den anwesenden Kronprinzen, der später als Friedrich II. in die Geschichte einging, so tief beeindruckt haben, dass er beschloss, dem Freimaurerbund beizutreten.**

Deutschland

Während in England der Boden durch einen etablierten bürgerlichen Kulturkreis bereitet war, nahm das Logenwesen in Deutschland erst allmählich Gestalt an, da die Freimaurerei hier zunächst einen Schmelztiegel von Adel und aufsteigendem Bürgertum bildete. Berufsgruppen wie etwa gehobene Kaufleute, Fabrikanten und Bankiers, Verwaltungsbeamte, Juristen und Mediziner, Gelehrte, Geistliche und Künstler erlebten sich nun mit dem Adel als gleichgestellte Brüder.

In der Frühzeit der Freimaurerei waren es Tavernen, die als Versammlungsorte für die Logenarbeit dienten. Von daher erklärt sich auch, warum manche Logen eigentümliche Namen erhielten. Die Freimaurer benannten ihre Loge häufig nach dem jeweiligen Gasthaus, in dem man sich traf. So konnten die Versammlungen auch voneinander unterschieden werden. Erst später ging man dazu über, den Logen-Namen nach freimaurerischen Inhalten auszuwählen. Besonders privilegierte Versammlungsorte waren Adelspaläste.

Loge d'Hambourg – die erste deutsche Loge

Nur zwei Jahrzehnte nach Gründung der englischen Großloge entstand auch auf deutschem Boden die erste Freimaurerloge in Hamburg. In dieser Hansestadt, die in guten und engen Handelsbeziehungen zu London stand, gründeten am Abend des 6. Dezember 1737 mehrere junge Idealisten im Alter von rund zwanzig Jahren im Gasthaus »Taverne d'Angleterre« die erste deutsche Freimaurerloge. Sie hatten zuvor selbst bereits Aufnahme in englischen Logen gefunden. Zu diesen Gründern zählten der niedersächsische Baron Georg Ludwig Freiherr von Oberg, der Wundarzt Peter Casper, der Advokat und spätere braunschweigische Legationsrat Peter Stüven, der Importkaufmann Johann Daniel Krafft, der Eigentümer des Gasthauses Jens Arbien sowie als »helfender Bruder« Johann Daniel Schultze. Maßgeblichen Anteil an der Logengründung hatte jedoch der aus einer hugenottischen Flüchtlingsfamilie stammende und in Berlin residierende Charles

Sarry (1716–1766), der später königlicher preußischer Hofrat und Münzmeister wurde. Er kann zweifelsohne als Vater der deutschen Freimaurerei gelten. Zunächst führte die älteste deutsche Loge den Namen »Societé des acceptés maçons libres de la ville de Hambourg« oder in abgekürzter Form »Loge d'Hambourg«, da zu dieser Zeit unter Gebildeten und in der höfischen Gesellschaft überwiegend Französisch gesprochen wurde. Ab 1764 hieß die Loge, die heute noch existiert, »Absalom«, später »Absalom zu den drei Nesseln«. Sie arbeitete nach dem englischen Ritus und unterstand der Großloge von England.

Die Besonderheit der frühen deutschen Freimaurerei bestand darin, dass in den Logen adlige und bürgerliche Eliten verkehrten. Die Monarchen zählten hier zu den maßgeblichen Förderern der Freimaurerei. Sie stellten bestimmte Logen unter ihr Protektorat oder förderten sie durch persönliche Mitgliedschaft. So wurde in der Nacht vom 14. auf den 15. August 1738 Kronprinz Friedrich II. von Preußen (1712–1786) durch eine Abordnung der »Loge d'Hambourg« in den Freimaurerbund aufgenommen – arrangiert von Graf Albrecht Wolfgang von Schaumburg-Lippe. Noch im selben Jahr nahm die Loge des Kronprinzen ihre Arbeit auf Schloss Rheinsberg auf. Nach seiner Thronbesteigung im Jahr 1740 verlegte Friedrich II. den Sitz der Loge, die keinen eigenen Namen hatte, nach Charlottenburg. Im gleichen Jahr wurde jedoch eine zweite, nunmehr bürgerliche Loge ge-

Adel und Bürgertum

ENTSTEHUNG UND GESCHICHTE

gründet, die den Namen »Aux trois globes« (»Zu den drei Weltkugeln«) führte. Die ursprüngliche königliche Hofloge, die unter verschiedenen Namen gearbeitet hatte, verlor ihre Mitglieder, die nun zu den »drei Weltkugeln« übertraten. Durch den Beitritt Friedrichs II. war der Freimaurerei der Weg nach Preußen geebnet. Im Jahre 1744 ernannte sich die Loge »Zu den drei Weltkugeln« zur Großloge und erlebte unter dem Namen »Große königliche Mutterloge zu den drei Weltkugeln« eine große Blütezeit. Zwei Jahre vor ihrem Verbot im Jahr 1933 gehörten der Großloge, die sich ab 1780 als »Große National-Mutterloge« bezeichnete, 170 Logen mit 22 700 Brüdern an.

Neben der Hamburger und Berliner Logengründung haben zwei weitere Orte wesentlichen Anteil an der Ausbreitung der organisierten Freimaurerei in Deutschland: In das Jahr 1738 fiel die Gründung der Loge »Zu den drei weißen Adlern« in Dresden durch Graf Friedrich August von Rutowsky, einen illegitimen Sohn Augusts des Starken, der in Frankreich als Freimaurer aufgenommen worden war. Vier Jahre später, am 27. Juni 1742, wurde in Frankfurt a.M. eine Loge von London aus installiert, die, mit einem nachträglichen Patent von 8. Dezember 1743 versehen, als Union anlässlich der Krönung Kaiser Karls VII. zu arbeiten begann. Mit diesen vier Logengründungen innerhalb von nur sieben Jahren waren die entscheidenden Ausgangspunkte für die Ausbreitung der Freimaurerbewegung in ganz Deutschland geschaffen worden. Teilweise wurde das Logenwesen von staatlicher Seite beargwöhnt und mit Verboten belegt. Trotzdem gelang es ihm, in ganz Deutschland Fuß zu fassen. Es waren vor allem die größeren Städte wie Berlin und Dresden, die innerhalb kurzer Zeit zu Zentren der freimaurerischen Bewegung avancierten. Von dort aus konnte sich das Gedankengut schnell verbreiten.

Zwischen 1741 und 1748 entstanden Logen in Bayreuth, Leipzig, Meiningen, Breslau, Frankfurt/Oder, Altenburg, Wien, Braunschweig, Marburg, Hannover und Celle.

»Die Freimaurer orientierten sich an den Ritterorden«

Hochgrade, Ritterromantik und Illuminaten

Schon im 18. Jahrhundert, das als Blütezeit der Freimaurerei bezeichnet werden kann, deutete sich eine Herausforderung an, die das Logenwesen in den kommenden Jahrzehnten weiter bestimmen sollte. Mitte des 18. Jahrhunderts standen sich in Deutschland unterschiedliche Lehrsysteme gegenüber. Insbesondere durch den Einfluss der so genannten Schotten- und Templermaurerei und die radikalaufklärerischen Illuminaten ergaben sich für das deutsche Logenwesen vielfältige Belastungen und Bewährungsproben.

Schottische Maurerei Stützten sich die deutschen Logen in ihrer Arbeit zunächst auf die »Johannismaurerei«, die das dreistufige Gradsystem Lehrling, Geselle und Meister vorsah, so drangen schon bald Hochgradsysteme in einzelne Logen ein. Dabei berief man sich auf die »Schottische Maurerei«, die entgegen ihrer Herkunftsbezeichnung in Frankreich entwickelt wurde. Über die Entstehung der Schottischen Maurerei gibt es in der Forschung viele, einander oft widersprechende Theorien. Von Frankreich aus gelangte das System der »Schottengrade« durch Emigranten, Kriegsgefangene und an den feudalen Höfen tätige Kaufleute nach Deutschland. Zwischen 1742 und 1744 entstanden in Berlin und Hamburg die ersten »Schottischen Logen«. Dieses Hochgradsystem fand besonders in den überwiegend von Angehörigen der höheren Stände besuchten und in französischer Sprache arbeitenden Logen begeisterte Anhänger. Daneben entwickelten sich Gruppierungen, die verschiedenen Orden nachgebildet waren, aber mit der Freimaurerei im engeren Sinn nichts zu tun hatten. So zeigte sich in dieser Frühphase der Freimaurerei in Deutschland ein verwirrendes Bild unterschiedlicher Lehrarten, traditionell freimaurerischer und pseudofreimaurerischer Gruppen.

Mitte des 18. Jahrhunderts entfaltete die »Strikte Observanz« des Freiherrn Karl Gotthelf von Hund und Altengrottkau (1722–1776) innerhalb der Freimaurerei nachhaltige Wirkung. Gemeint ist damit ein Tempelritter-Hochgradsystem, das vom Gebot unbedingten Gehorsams gegenüber angeblich »unbekannten Oberen« ausging. Hund verbreitete die – historisch freilich nicht haltbare – Auffassung, die Freimaurerei ginge in Wirklichkeit auf die Templertradition zurück. Dabei berief er sich darauf, Nachfahren des Templerordens in Paris getroffen zu haben. Deshalb wollte er die Tempelherrentradition mit einem entsprechenden Hochgradsystem in der Freimaurerei verankern. Er entwickelte eine Reihe von Ritualen und Praktiken, die die Freimaurerei und mittelalterliche Ritterromantik miteinander verbanden.

Strikte Observanz

Viele Logen schlossen sich ab der Jahrhundertmitte der Strikten Observanz an. Schon bald rechnete sich ein Viertel bis zu einem Drittel der aktiven Freimaurer in Deutschland und im benachbarten Ausland dieser Richtung zu. Doch ab 1770 wuchsen im Zuge umfassender Reformbestrebungen in Deutschland die Bedenken innerhalb der Gefolgschaft, zumal Betrüger und Hochstapler das ursprüngliche Anliegen zunehmend in Misskredit brachten. Auf dem Konvent im hessischen Wilhelmsbad (16. Juli bis 1. September 1782) kam es zum endgültigen Abschied von dem Versuch, die Tempelherrentradition wiederzubeleben. Eine der Folgen dieses Konvents war auch, dass die Einheit der deutschen Freimaurerei nicht wiederhergestellt werden konnte. Unübersehbar waren die Gräben zwischen den freimaurerischen Systemen. Diese ungeklärte Situation versuchten geheime Gesellschaften, die sich im Umfeld der Freimaurerei gebildet hatten, für sich zu nutzen. Sie begannen die Logen regelrecht zu unterwandern. Dabei tat sich u. a. der Orden der Illuminaten hervor.

Illuminaten Der Orden der Illuminaten (lat. illuminati, die Erleuchteten) wurde 1776 von dem damals 28-jährigen Ingolstädter Professor für Natur- und kanonisches Recht Adam Weishaupt (1748–1830) gegründet. Weishaupt, der ideologisch von der radikalen, materialistischen französischen Aufklärung geprägt war, ging von der Annahme aus, ehemalige Jesuiten und Rosenkreuzer hätten sich gemeinsam gegen die Aufklärung verschworen. Sein Ziel war es daher, junge Männer zu sammeln und sie in der angeblich reinen, wissenschaftlichen Wahrheit zu unterweisen. In seiner

»Weisheitsschule«, als die er den Illuminatenorden betrachtete, sollten die besten Akademiker der Zeit frei von jeglichen traditionellen Fesseln unterrichtet werden. Sie sollte ein Ort der Veredelung des Menschen und der Hebung seiner sittlichen Moral werden und besonders der Bekämpfung feudaler Unterdrückung und religiöser Bevormundung dienen. Sein Programm richtete sich gegen alle »Feinde der Vernunft«. Solche Feinde erblickte er besonders in den Jesuiten, deren Bekämpfung sich Weishaupts System vorrangig verschrieben hatte. Durch die Vermittlung von Adolph Freiherr Knigge gelang es Weishaupt, Kontakt zu führenden Köpfen der deutschen Freimaurerei herzustellen und das Wirken des Ordens auf Nord- und Westdeutschland und in das europäische Ausland auszudehnen. Seine Ziele verfolgte dieser Geheimbund durch Unterwanderung des Staates und seiner Einrichtungen. Am 22. Juni 1784 wurde der Illuminatenorden, der rund 1400 Mitglieder hatte, durch Kurfürst Karl Theodor von Bayern verboten. 1785 fand die Ordenstätigkeit ihr vollständiges Ende.

Nicht zuletzt öffentliche Verdächtigungen und Unterstellungen zwangen die deutsche Freimaurerei zu den tiefgreifenden inneren Reformen seit 1770. Infolge des Partikularismus in Deutschland und bedingt durch die unterschiedlichen Systeme kam es jedoch zu keiner einheitlichen Lösung. Letztlich konnte das Hochgradsystem nie ganz überwunden werden. Die nachfolgende Phase Ende des 18. Jahrhunderts ist besonders

Gründung von Großlogen

geprägt von einer Gründungswelle der Großlogen. Vor allem in Preußen begannen sich die unter königlichem Schutz stehenden christlich geprägten Großlogen herauszubilden:

Große National-Mutterloge

Große National-Mutterloge des Preußischen Staates (gegründet 1772 in Berlin): Ihre Wurzeln reichen zurück in die 1740 vom König gegründete Loge, aus der 1744 die Loge »Aux trois globes« hervorgegangen war, die noch im selben Jahr in den Rang der Großen Königlichen Mutterloge »Zu den drei Weltkugeln« erhoben wurde. Zeitweilig hatte sich die Mutterloge der Strikten Observanz angeschlossen; 1783 sagte sie sich davon los und erklärte sich für unabhängig. Gleichzeitig behielt sie sich vor, außer den drei Graden der Johannismaurerei weitere Schottengrade und Erkenntnisstufen (»Innerster Orient« und »Delegierte Innere Oriente«) zu bearbeiten, ohne einer anderen Großloge rechenschaftspflichtig sein zu müssen. 1796 erlangte sie von König Friedrich Wilhelm III. das Protektorat und den Status einer vom Staat anerkannten selbstständigen Körperschaft. Ein Jahr später, 1797, gab sie sich eine Grundverfassung und ein Direktorium. Dieser Schritt führte auch zu einer inneren Konsolidierung.

Große Landesloge

Große Landesloge der Freimaurer von Deutschland (gegründet 1770 in Berlin): Ihr Gründer war der Militärarzt Johann Wilhelm Kellner von Zinnendorf (1731–1782). Er wandte sich gegen die Strikte Observanz, obwohl er zuvor als Meister vom Stuhl die Große Mutterloge noch in die

Strikte Observanz hatte überführen (1765) wollen. Aus tiefer persönlicher Enttäuschung verließ er sie schließlich und begründete ein neues System, das sich nach dem »Schwedischen System« richtete. Die Große Landesloge der Freimaurer von Deutschland sieht sich in der Tradition eines christlichen Ritterordens und beruft sich auf die reine Lehre Jesu Christi. Sie wurde 1773 von der englischen Großloge anerkannt. Seit 1774 stand sie unter dem Protektorat Friedrichs II. Die Großloge kennt neben den drei Johannisgraden die drei Andreasgrade, die in Andreaslogen bearbeitet wurden. Für die dritte Stufe sind die Ordenskapitel vorgesehen, die die Grade VI–IX umfassten.

Die Große Loge von Preußen, genannt Royal York zur Freundschaft (gegründet 1798 in Berlin): Sie ging auf den freimaurerischen »Reformator« Ignaz Aurelius Feßler (1756–1839) zurück, der anfangs auf eine gänzliche Beseitigung der Hochgrade und auf die Rückkehr zur Johannismaurerei drängte. Schließlich musste er dem logeninternen Druck nachgeben und interne Hochgrade zur Bearbeitung zulassen. Wie die Nationale Mutterloge richtete auch die Große Loge von Preußen höhere Erkenntnisstufen ein: Innerster Orient und Innere Oriente blieben nur ausgewählten Mitgliedern vorbehalten.

Große Loge von Preußen

Alle drei Großlogen und Tochterlogen standen seit dem von Friedrich Wilhelm III. erlassenen Edikt vom 20. Oktober 1798 unter königlichem Schutz. Anderen, nichtpreußischen Logen wurde die Arbeit auf dem Territorium Preußens untersagt. Das königliche Protektorat führte jedoch dazu, dass die Identifikation mit dem preußischen Staat die freimaurerischen Ideale zunehmend in den Hintergrund drängte.

> **Neben den Großlogen in Preußen gab es noch zwei weitere Großlogen, die für die deutsche Freimaurerei in dieser Zeit wichtig waren: zum einen die englische Provinzial-Großloge von Hamburg und Niedersachsen, zum anderen der Eklektische Bund in Frankfurt a.M., der 1783 gegründet wurde und für sich die Bearbeitung der Johannisgrade verbindlich festschrieb. Ab 1823 entwickelte sich daraus die Große Mutterloge des Eklektischen Freimaurerbundes, die sich mit Beginn des Nationalsozialismus auflöste.**

Die freimaurerischen Reformbestrebungen und Großlogengründungen waren darauf ausgerichtet, die Freimaurerei zu einen, die hierarchisierte Organisationsstruktur zu überwinden und sich schließlich auf die Erforschung der freimaurerischen Geschichte zu konzentrieren.

Deutsche Freimaurerei im 19. Jahrhundert

Nach den Napoleonischen Kriegen kam das Logenleben in den von den Franzosen besetzten Gebieten, z. B. in Preußen, fast vollständig zum Erliegen. Aber es gründeten sich nun auch in anderen Teilen Deutschlands namhafte Großlogen: 1811 die Große Landesloge von Sachsen in Dresden und 1810 – nachdem die Stadt an Bayern gefallen war – in Bayreuth die Großloge »Zur Sonne«.

Wichtige Impulse erhielt die Freimaurerei in dieser Zeit durch das erwachende Nationalbewusstsein im Gefolge der Befreiungskriege (1813–1815), wenn sich die deutschen Logen in den politisch bewegten Umbruchssituationen des 19. Jahrhunderts auch weitgehend in Neutralität übten. Dies verschaffte ihr den nötigen Spielraum, um die eigene Organisation und Infrastruktur weiter auszubauen. So fing man an, die Großlogenverfassungen zu modernisieren und die freimaurerische Arbeit der Zeit anzupassen. Da die deutschen Freimaurerlogen aufgeschlossen gegenüber fortschrittlichen Ideen waren, öffneten sie sich auch nationalen Fragestellungen und standen überwiegend auf der Seite der vorwärtsdrängenden nationalliberalen Kräfte. Man hoffte, dass mit der nationalen Frage auch den demokratischen Ideen zum Durchbruch verholfen werden könnte. Das erklärt, warum viele Freimaurer an der Frankfurter Nationalversammlung von 1848 beteiligt waren. Obwohl es unter den Freimaurern unterschiedliche politische Einstellungen gab – das Spektrum reichte von Demokraten, Liberalen über Anhänger konstitutionell-monarchistischer Ideen bis hin zu Konservativen –, stand der Toleranzgedanke immer im Vordergrund. Das schloss nicht aus, dass intern mitunter heftige Kämpfe um die jeweiligen Systeme ausgefochten wurden. Dabei zeichnete sich eine Spaltung in die sog. christliche und die sog. humanitäre Freimaurerei ab.

Erwachendes National-bewusstsein

Spaltung: christliche und humanitäre Richtung

Ursprünglich war die Freimaurerei durch die Alten Pflichten christlich orientiert. Die englische Freimaurerei machte jedoch Zugeständnisse an deistische Auffassungen ihrer Zeit. Schon bald war die Rede von einer Art natürlicher Religion, in der alle Menschen übereinstimmten. Damit wurde es den Logen möglich, auch Juden, Muslime und Buddhisten als Brüder aufzunehmen – eine Praxis, die sich seit 1723 für die englischen Logen nachweisen lässt. In der deutschen Freimaurerei hatte sich systembedingt eine »christliche« und eine »humanitäre« Richtung entwickelt – eine Trennung, die ausländischen Logen bis heute fremd ist. Im Lauf der Zeit verschärften sich die Gegensätze. Die drei altpreußischen Großlogen – Große National-Mutterloge »Zu den drei Weltkugeln«, Große Landesloge der Freimaurer von Deutschland sowie die Große Loge von Preußen, genannt Royal York zur Freundschaft – beriefen sich auf ihre streng christlich orientierte Lehrart. Es war ihr Bestreben, ihre vaterländische und nationale wie christliche Gesinnung öffentlich unter Beweis zu stellen. Als christliche Freimaurerei wird heute das von Zinnendorf geschaffene Ritualsystem der Großen Landesloge der Freimaurer von Deutschland (Freimaurerorden) bezeichnet, das sich in der Tradition eines christlichen Ritterordens begreift.

Gegen Ende des 19. Jahrhunderts traten die Differenzen innerhalb der deutschen Freimaurerei noch deutlicher hervor. Grundsätzliche Kontroversen entzündeten sich vor allem hinsichtlich des Verhältnisses von humanitärer und christlicher Freimaurerei, von Kosmopolitismus und Nationalismus, von Judenemanzipation und Antisemitismus, Hochgradmaurerei und Johannismaurerei. Erschwerend kam die Vormachtstellung der preußischen Großlogen hinzu, gegen die sich die nichtpreußischen Großlogen kaum behaupten konnten. Zudem vertraten die Großlogen aber auch Standpunkte, die von ihren Mitgliedslogen nicht mitgetragen wurden. Diese grundlegenden geistigen Differenzen und auch organisatorischen Probleme blieben für den Freimaurerbund bis ins 20. Jahrhundert bestehen.

»Die Freimaurer waren ein Opfer des Nationalsozialismus«

Die deutsche Freimaurerei im 20. Jahrhundert

Verschwörungs-vorwürfe

Mit Beginn des Ersten Weltkriegs gingen die Verbindungen der deutschen Freimaurerei mit ausländischen Logen völlig verloren. Im Inland sahen sich die Brüder einer Flut von Anschuldigungen und dem Vorwurf des Landesverrats ausgesetzt, der besonders durch die Verschwörungsmythen Erich Ludendorffs massenwirksam geschürt wurde. Besonders einflussreich war seine 1927 veröffentlichte Schrift »Vernichtung der Freimaurerei durch Enthüllung ihrer Geheimnisse«, die eine Gesamtauflage von 182 000 Exemplaren erzielte. Mit Kriegsende 1918 trat offen zutage, dass die deutsche Freimaurerei von jeher ein Eigenleben gepflegt hatte. Die Kriegsniederlage und die wirtschaftliche Notlage schürten in Deutschland eine Atmosphäre der Verdächtigungen und des Hasses. Dabei wurden auch die deutschen Freimaurer zur Zielscheibe böswilliger Unterstellungen und Verleumdungen.

Unmittelbar nach Kriegsende gab es in Deutschland 58 505 reguläre Freimaurer. Trotz katastrophaler wirtschaftlicher Verhältnisse, die die Kriegsniederlage mit sich brachte, erlebte das freimaurerische Leben nach 1921 eine neue Konjunktur. Bis 1925 stieg die Mitgliederzahl um 25 Prozent an, sodass in Deutschland 82 000 Brü-

> Feinsinniger fiel hingegen die Kritik in der zeitgenössischen Literatur aus. Zwei erfolgreiche Romane aus der Zwischenkriegszeit geben davon Zeugnis. Heinrich Manns »Der Untertan« und Thomas Manns »Der Zauberberg« geben je aus ihrer Sicht eine interessante zeitgenössische Deutung der deutschen Freimaurerei, die »seit dem Weltkrieg zum Symbol der vermeintlich überlebten Bürgerlichkeit des 19. Jahrhunderts wurde«.

der in 632 Johannislogen gezählt werden konnten. Doch die Organisation der deutschen Freimaurer blieb intern weiterhin zerstritten. Die altpreußischen Großlogen kritisierten die kosmopolitische und pazifistische Haltung der humanitär orientierten Großlogen und reklamierten für sich selbst einen rein nationalen Standpunkt. Man versuchte, die Scheidung in ein christliches und ein humanitäres Lager nach außen hin deutlich zu markieren.

Mit Beginn der 1930er Jahre nahmen die Attacken der Völkischen auf die Freimaurerei zu. Zielscheibe von Anfeindungen war u. a. Reichsaußenminister Gustav Stresemann, dessen Logenzugehörigkeit allgemein bekannt war. Am 8. November 1931 versah die Große Landesloge der Freimaurer von Deutschland ihre Selbstbezeichnung mit dem Zusatz »Deutsch-Christlicher Orden«. Zu Beginn des Jahres 1932 brachen die

Völkische Angriffe

altpreußischen Großlogen endgültig die freimaurerischen Beziehungen zu den drei humanitären Großlogen von Bayreuth, Frankfurt und Hamburg ab, weil diese den Beschluss gefasst hatten, den brüderlichen Kontakt mit der Vereinigten Großloge von England wieder aufzunehmen – ein Schritt, den die altpreußischen Großlogen als Verrat an der »nationalen Würde« scharf verurteilten.

Wenige Monate vor Gründung der Symbolischen Großloge von Deutschland (27. Juli 1930) wurde der Oberste Rat des Alten und Angenommenen Schottischen Ritus für Deutschland am 10. Februar 1930 ins Leben gerufen. Am 18. April fand die feierliche Einsetzung durch den S. M. Souveränen Großkommandeur Dop aus Holland im Einverständnis mit den Obersten Räten für Österreich, die Schweiz und Frankreich statt. Er arbeitete nach einem ins 18. Jahrhundert zurückreichenden französischen Hochgradsystem, das noch im gleichen Jahrhundert in die USA gelangte, wo es maßgeblich geformt und zu 33 Graden ausgebaut wurde. Die deutschen Großlogen lehnten seine Ausbreitung jedoch – nicht zuletzt wegen seiner »undeutschen Gründung« – scharf ab.

Freimaurerei im Nationalsozialismus

Die Haltung der deutschen Freimaurer am Ende der Weimarer Republik war keineswegs einheitlich. Die grundlegenden Differenzen zeichneten sich nicht nur im unterschiedlichen Verständnis freimaurerischer Prinzipien, sondern zunehmend auch in politischen Positionierungen der

Im Jahr 1932 bestanden in Deutschland folgende Großlogen:
»Christliche« Großlogen (auch »altpreußische Großlogen« genannt); 474 Logen mit 50 950 Mitgliedern

- Große National-Mutterloge »Zu den drei Weltkugeln« in Berlin
- Große Landesloge der Freimaurer von Deutschland – Deutsch-Christlicher Orden in Berlin
- Große Loge von Preußen, genannt Royal York zur Freundschaft

»Humanitäre« Großlogen; 194 Logen mit 20 307 Mitgliedern

- Große Loge von Hamburg in Hamburg
- Großloge »Zur Sonne« in Bayreuth
- Große Mutterloge des Eklektischen Freimaurerbundes in Frankfurt am Main
- Große Landesloge von Sachsen in Dresden
- Große Freimaurerloge »Zur Eintracht« in Darmstadt
- Großloge »Deutsche Bruderkette« in Leipzig

Nicht anerkannte, »irreguläre« Großlogen; 79 Logen mit 1929 Mitgliedern

- Freimaurerbund »Zur aufgehenden Sonne« in Nürnberg
- Symbolische Großloge von Deutschland in Hamburg

Großlogen ab. Die altpreußischen Großlogen, die nationalkonservativ gesinnt waren, lehnten die Aufnahme von Juden in ihre Logen weiterhin kategorisch ab. Damit und nicht zuletzt durch Anpassungsverhalten an die neuen politischen Machtverhältnisse in Deutschland gerieten diese Großlogen in den Sog der NS-Ideologie.

Reaktionen auf Hitler Unmittelbar nach der Ernennung Adolf Hitlers zum Reichskanzler am 30. Januar 1933 schickten die Großloge von Sachsen und die drei Großmeister der altpreußischen Großlogen Ergebenheitsadressen an Hitler, in denen sie die »nationale Erhebung des deutschen Volkes« begrüßten und »treueste Gefolgschaft zum Wiederaufbau des geliebten Vaterlandes« gelobten. Die linksliberale Minderheit der freimaurerischen Organisationen sah hingegen im nationalsozialistischen Deutschland für sich keine Zukunft mehr. Die Großloge des Eklektischen Bundes in Frankfurt am Main löste sich deshalb am 20. März 1933 auf und kam damit einem späteren Verbot zuvor. Einen anderen Weg beschritt die als irregulär betrachtete Symbolische Großloge von Deutschland, die ihren Sitz ins Exil nach Palästina verlegte. Am 31. März 1933 wurde der »Alte und Angenommene Schottische Ritus« durch Beschluss des Obersten Rates von Deutschland »eingeschläfert«, d. h. er löste sich nicht auf, sondern verlegte seinen Sitz außerhalb Deutschlands. Von einer einheitlichen deutschen Freimaurerei konnte also nicht die Rede sein. Sie war und blieb innerlich zerstritten. Wichtige Impulse gingen von ihr – trotz der beachtlichen Mitgliederzahl, die auf 70000 bis 80000 geschätzt wird – nicht mehr aus. Der interne Bruderzwist, der spürbare Öffentlichkeitsverlust sowie der aufgezwungene völkische Diskurs trieben die Freimaurer immer stärker in die Defensive.

Mit dem Aufstieg der Nationalsozialisten zur politischen Macht seit 1930 kam es vor allem auf regionaler Ebene zu antimaurerischen Ausschreitungen. Freimaurer wurden persönlich bedroht oder in ihren geschäftlichen Aktivitäten boykottiert. Unmittelbar nach der Machtergreifung durch die Nationalsozialisten erfolgten die ersten Angriffe auf die Freimaurerei. Zuerst waren es Flugblätter und Hetzartikel in der NS-Presse, mit denen die Freimaurer scharf attackiert wurden. Im Frühjahr 1933 erfolgte die Selbstgleichschaltung verschiedener Großlogen: Am 13. April wird die »Große Loge von Hamburg« in den »Deutschen Orden Hamburg« umgewandelt. Aus der 1924 gegründeten Großloge »Deutsche Bruderkette« in Leipzig wird der christliche Orden »Deutscher Dom«. Im April 1933 beschließt der Freimaurerbund zur aufgehenden Sonne seine Selbstauflösung. Einen Monat später, am 11. Mai 1933, wird die »Große Landesloge von Sachsen« in den »Deutsch-Christlichen Orden Sachsen« umgewandelt.

Selbstgleichschaltung

Die altpreußischen Großlogen versuchten mit Anpassungsstrategien den Erfordernissen des NS-Staates Rechnung zu tragen, indem sie sich umbenannten und Satzungsänderungen vornahmen. So hatte sich die »Große Landesloge der

Von der Loge zum Orden

Freimaurer von Deutschland« von freimaurerischen Grundsätzen verabschiedet und nannte sich mit einer Verfügung vom 7. April 1933 von nun ab »Deutsch-Christlicher Orden«. Damit wurde eingeräumt, dass der »Orden« nunmehr aufgehört habe, »eine freimaurerische Körperschaft zu sein«. Wenige Tage später fasste die Große National-Mutterloge »Zu den drei Weltkugeln« den Beschluss, sich den Namen »Nationaler Christlicher Orden Friedrich der Große« zu geben. Die Große Loge von Preußen, genannt Royal York zur Freundschaft, benannte sich in »Deutsch-Christlicher Orden Zur Freundschaft« um. Und auch die »Ordensregeln« wurden entsprechend abgeändert und ab 1935 unter dem Eindruck der nationalsozialistischen Rassengesetze und analog zur Einführung des Arierparagrafen beim Berufsbeamtentum noch verschärft. Die Folge war, dass Personen »nicht arischer Abstammung« oder »Ordensbrüder, deren Ehefrauen Jüdinnen sind«, mit sofortiger Wirkung aus den Logen ausgeschlossen wurden. Die Anpassung an die nationalsozialistischen Erfordernisse der Zeit ging so weit, dass die altpreußischen Großlogen begannen, auch Ritualtexte und Symbole von allem »Jüdischen« zu »reinigen«.

Anfang 1934 kam es zu den ersten NS-Terrorwellen gegen die Logen. Staatspolizei sowie SA- und SS-Verbände drangen in Logenhäuser ein, verwüsteten und plünderten sie. Um öffentliche Unruhe zu vermeiden, untersagten Hitler und später auch Rudolf Heß allen Parteidienststellen, weitere Maßnahmen gegen die noch bestehen-

den Logen zu ergreifen. Dennoch wurde diese
»Weisung des Führers« teilweise unterlaufen.
Dass die Nationalsozialisten die Freimaurerei
gänzlich ausschalten würden, war nur noch eine
Frage der Zeit. Ende 1934 standen die deutschen
Freimaurer bereits unter politischer Überwachung.
Der Sicherheitsdienst richtete für die
interne Propaganda ein »Freimaurer«-Museum
in Berlin ein. Auch in anderen Städten sollte die
Öffentlichkeit mit antifreimaurerischen Museen
und Ausstellungen über angeblich fortbestehende
freimaurerische »Gefahren« belehrt werden.

Am 17. August 1935 wurden alle Logen und logenähnlichen Vereinigungen in Deutschland aufgelöst. Die Nationalsozialisten beschlagnahmten sämtliche Unterlagen und Akten. Dabei fielen ihnen neben den Bibliotheken auch die gesamten Logenarchive in die Hände, in denen Mitgliederverzeichnisse, Ritualistik-Unterlagen sowie der gesamte Schriftverkehr aufbewahrt worden waren. Teilweise versuchten die Logen einer Konfiskation dadurch zuvorzukommen, dass man die Unterlagen ins Ausland brachte oder in privaten Verstecken lagerte. Auf diese Weise gingen einzelne Logenarchive bei Bombenangriffen komplett verloren. Die Nationalsozialisten nutzten das konfiszierte Material zur Überprüfung von Beamtenanwärtern, aber auch zu Propagandazwecken und für die NSDAP-Schulungsarbeit. Gegen Ende des Zweiten Weltkriegs erbeuteten die sowjetischen Truppen das Archivgut, das die deutschen Stellen auf Schloss

Auflösung der Logen

Fürstenstein in Waldenburg/Niederschlesien verbracht hatten. Diese wiederum transportierten es nach Moskau und lagerten es im so genannten Sonderarchiv. Große Teile des Archivguts wurde in den 1950er Jahren an die damalige DDR übergeben. Der Großteil des Freimaurerbestandes befindet sich seither im Geheimen Staatsarchiv Preußischer Kulturbesitz in Berlin.

Die »dunkle Zeit«

Im Rückblick wird die Zeit des Nationalsozialismus von Freimaurern häufig als die »dunkle Zeit« oder nur als »Dunkelheit« bezeichnet. Damit wird fälschlicherweise suggeriert, die Freimaurerei sei im Nationalsozialismus lediglich in der Opferrolle gewesen. Dies mag an vielen Punkten zutreffen. Übersehen wird dabei jedoch, dass es in der Freimaurerei neben dem Konflikt eben auch Anpassungsstrategien gab, wobei es hier rückblickend zwischen dem Verhalten der Großlogen, der Einzellogen und der einzelnen Brüder zu unterscheiden gilt.

Nachkriegszeit

Nach dem Zweiten Weltkrieg gab es in Deutschland nur noch 5000 Freimaurer, die den Krieg überlebt hatten. 1933 waren es noch über 80 000 gewesen. Der Krieg und seine Folgen stellte die deutschen Freimaurer vor große organisatorische Probleme. So verlief die Entwicklung der Freimaurerei in West- und Ostdeutschland sehr unterschiedlich. Im Osten Deutschlands hat die Freimaurerei rund 60 Jahre lang faktisch nicht existiert. Dort blieb das 1935 verhängte Verbot der Freimaurerei einfach bestehen, während unmittelbar nach dem Krieg mancher sowjetische

Stadtkommandant das Logenleben – wenngleich kurzzeitig – wieder zuließ. Die DDR-Regierung sah in der Freimaurerei ein überholtes Relikt des durch den Klassenkampf überwundenen Großbürgertums.

Mit dem Fall der Mauer und dem Zusammenbruch des politischen Systems in der DDR eröffneten sich auch für die Freimaurerei in Ostdeutschland neue Möglichkeiten. Über zwei Generationen hinweg hatte es dort kein freimaurerisches Leben gegeben. Umso größer war die Euphorie, die alten Logen dort wiedererstehen zu lassen. Unmittelbar nach 1990 reisten westliche »Brüder« nach Ostdeutschland, um Kontakte zu noch lebenden Freimaurern herzustellen, alte Logen wiederzubeleben und neue zu gründen. Im Jahr 1999 existierten bereits an 60 Orten der neuen Bundesländer 45 Logen und 15 Logen-Vereine.

In Westdeutschland konnte die Freimaurerei wenige Jahre nach Ende des Zweiten Weltkriegs ihre Arbeit wieder aufnehmen. Am 19. Juni 1949 gab es mit Gründung der Vereinigten Großlogen von Deutschland (später Vereinigte Großloge der Alten Freien und Angenommenen Maurer von Deutschland) in der Frankfurter Paulskirche den ersten Versuch, die Freimaurer in Deutschland wieder zu einen. Es sollte jedoch noch weitere neun Jahre dauern, bis hierfür eine gemeinsame organisatorische Basis gefunden war.

Grundlagen und Praxis

»Freimaurer haben okkulte Symbole und Rituale«

Brauchtum und Zeichen

Die Symbole der Freimaurer haben für Außenstehende einen geheimnisvollen Charakter. Sprache, Zusammenkünfte und Rituale der Freimaurer sind stark davon geprägt. In der Vorstellungswelt und in der rituellen Praxis lebt das Erbe der »operativen Maurerei« fort. Die Freimaurerei wird zur sinnbildlichen Baukunst. Dies findet in der Stufung in einzelne Grade wie Lehrling, Geselle und Meister oder im freimaurerischen Sprachgebrauch seinen besonderen Ausdruck, wenn vom »Allmächtigen Baumeister aller Welten«, von Tempel, Loge, Maurerschurz, Winkelmaß, Zirkel und Senkblei oder von der Arbeit am rauen Stein die Rede ist. Im freimaurerischen Ritual, in der Tempelarbeit, in der Pflege der Symbole und des überkommenen Brauchtums wird am Einzelnen und über ihn hinaus an der ganzen Menschheit »gebaut«.

Kernpunkt der freimaurerischen Zusammenkünfte bei den Tempelarbeiten bildet das ge-

Die Rolle der Symbole

meinsame Erkennen und Erleben der Symbole. In freimaurerischen Darstellungen wird stets darauf hingewiesen, dass sich diese Symbole einer genauen Definition entziehen. Sie werden unterschiedlich wahrgenommen, erlebt und gedeutet. Die Zahl der jeweils verwendeten Symbole variiert von Lehrart zu Lehrart. Von Freimaurern wird darauf verwiesen, dass Symbole die geistige Arbeit einer Loge erleichtern und den Brüdern individuelle Erfahrungsräume eröffneten. Dementsprechend breit ist auch das Spektrum der Interpretationsmöglichkeiten. Die hervorstechende Eigenschaft des Symbols – so die freimaurerische Auffassung – ist seine Anschaulichkeit. Es überführe Abstraktes in Gegenständliches und kläre damit gleichzeitig auf. Ebenso sei es in der Lage zu verhüllen – in dem Sinne, dass es nur einem Kreis von Eingeweihten zugänglich sei, während es Nichteingeweihten verschlossen bleibe.

In der Freimaurerei gibt es von Loge zu Loge eine unterschiedliche Anzahl von Symbolen, je nach Systemgrad. Die Symbolik der Freimaurer gliedert sich in Worte, Bilder und Handlungen. Solche symbolischen Handlungen sind etwa das Vorlegen eines Baurisses, das Singen des Bundesliedes, das Geben der Erkennungszeichen, das Bilden der Kette, das Geben von Klopfzeichen, das Anzünden von Lichtern.

Hauptsymbole Die freimaurerischen Hauptsymbole sind das Buch des Heiligen Gesetzes (die Bibel), das Winkelmaß und der Zirkel. Zusammen bilden sie die »Drei

Die einzelnen Symbole können unterschieden werden in

- **Lichtsymbole:** Darunter werden besonders die drei Großen Lichter und die drei Kleinen Lichter verstanden. Der Flammende Stern ist für die Freimaurer das Symbol des Transzendenten bzw. des Numinosen. Er dient als eine Art geistiges Licht, das dem Maurer auch in tiefster Finsternis den Weg weist. Meist handelt es sich dabei um ein Hexagramm, das aus zwei ineinander verflochtenen Dreiecken besteht. Das Flammende Schwert versinnbildlicht das himmlische Licht bzw. die Schöpfung.
- **Werksymbole:** Zirkel, Winkelmaß, Senkblei, Wasserwaage und Maßstab, die der Welt der Steinmetzbruderschaften entstammen
- **Natursymbole:** Sonne, Mond, Sterne, die vier Elemente und die vier Himmelsrichtungen – sie alle versinnbildlichen die Kräfte der Natur.
- **Ursymbole:** Darunter werden auch geometrische Formen wie Kreis, Quadrat, Dreieck verstanden; Symbole wie das Kreuz und die Bibel (»Buch des Gesetzes«) weisen auf die Transzendenz hin und erinnern an Gott, Tod, Vergänglichkeit und Unsterblichkeit.
- **Zahlensymbole:** Beliebte Zahlen sind die Primzahlen drei, fünf, sieben und elf. Im Ritual zur Erhebung in den Lehrlingsgrad spielt die Dreizahl (drei Große und drei Kleine Lichter; drei Schläge und drei Weiheschläge) eine wichtige Rolle. Drei freimaurerische Rosen – als Symbol der Verschwiegenheit (»sub rosa«) – begleiten den Lebenslauf des Maurers. Er erhält sie jeweils bei der Aufnahme in die drei Grade.

Großen Lichter«. Die Bibel liegt in deutschen Logen aufgeschlagen auf dem »Altar«. In deutschen Logen ist dies der Meistertisch, der Sitz des Meisters vom Stuhl. Dort werden auch die freimaurerischen Gelöbnisse abgelegt. Der Zirkel gilt als Symbol der Liebe zu den Menschen und steht damit für umfassende Menschlichkeit. Das Winkelmaß (rechter Winkel) hingegen steht als Symbol für das Gewissen, für Gerechtigkeit, Rechtschaffenheit und Ordnung. Zu Beginn jeder rituellen Arbeit fügt der Meister vom Stuhl beide Symbole in feierlicher Form zusammen. Mond, Sonne und Meister vom Stuhl bilden in der freimaurerischen Symbolik die »Drei Kleinen Lichter«. Zusammen versinnbildlichen sie die Lichtquelle der Loge. Damit erweist sich nach freimaurerischem Verständnis die Loge als kosmischer Raum. Der Meister vom Stuhl ist der Vorsitzende einer Loge. Er führt den »ersten Hammer« der Loge, er ordnet die Arbeiten an und leitet diese. Sein Sitz befindet sich im Osten, da nach freimaurerischer Vorstellung von ihm das geistige Licht ausstrahlen soll. Von ihm empfängt der »Suchende«, der Neuaufgenommene, das Licht. Daher haben auch freimaurerische Würdenträger im Osten ihren Sitz.

Weitere Symbole

Weitere Symbole begegnen dem Maurer im Rahmen seines maurerischen Werdeganges, der in den Ritualen der Johannismaurerei seinen Ausdruck findet. Der Spitzhammer ist das eigentliche Werkzeug, mit dem der Lehrling den rauen Stein bearbeitet. Damit sollen die Ecken der Unvollkommenheit abgeschlagen werden. In manchen Logen wird er durch Steinmeißel oder Fausthammer ersetzt. Das Symbol des Maßstabes mahnt den Lehrling: Die Zeit soll mit Weisheit eingeteilt werden. Der kubische Stein mit seiner winkelrechten Form ist das Symbol des Gesellengrades. Es soll den Maurer daran erinnern, dass er sich harmonisch in die Gemeinschaft einfügen soll. Sarg und Totenschädel im Meistergrad-Ritual erinnern an die Vergänglichkeit des menschlichen Seins.

Winkelmaß, Wasserwaage und Senkblei zählen zu den »beweglichen Kleinodien« der Maurerei. Nach freimaurerischer Vorstellung heißen sie deshalb »beweglich«, da sie vom Meister und den beiden Aufsehern getragen und von diesen auf ihre Nachfolger übertragen werden können. Das Winkelmaß verpflichtet den Freimaurer zu einem gerechten und geordneten Leben, das Senkblei hilft, die Wahrheit zu suchen und ihr zu ihrem Recht zu verhelfen; es kann aber auch die Geradlinigkeit im Leben versinnbildlichen. Die Wasserwaage oder Setzwaage steht für Gleichheit und das gleiche Recht bzw. den sozialen Ausgleich. Daneben gibt es die »unbeweglichen Kleinodien«. Sie werden deshalb als »unbeweglich« bezeichnet, weil sie vor den »Brüdern« liegen, um deren Handeln positiv zu beeinflussen. Hierzu zählen: rauer Stein, behauener Stein und Reißbrett.

Bewegliche Kleinodien

Die freimaurerische Arbeit ist zunächst die Kleinarbeit des Einzelnen an sich selbst – »Behauen des rauen Steines« –, aber auch die Gruppenarbeit am Bau des Salomonischen Tempels. Die Kette ist nicht nur Symbol, sie kann auch zur symbolischen Handlung werden. Sie steht für die brüderliche

Die Kette

Verbundenheit, die ewige Dauer und die Universalität der Freimaurerei: Wie sich alle Glieder einer Kette ineinanderreihen, so wissen sich die Freimaurer im Bruderbund weltweit miteinander verbunden. Die Bruderkette steht als Symbol für den liebenden Menschen. Auch im Schlussakt jeder rituellen Arbeit wird mit den Händen eine symbolische Bruderkette gebildet und dazu das Bundeslied gesungen. Der Freimaurerbund vereinigt sich weltweit zur »Weltbruderkette« – als Ausdruck der freundschaftlichen Verbundenheit über die eigenen Logen- und Ländergrenzen hinaus.

Geheimnisvolle Zeichen auf der 1-US-Dollar-Note

Die Behauptung, wonach sich auf der Rückseite des US-Geldscheins geheimnisvolle Zeichen der Freimaurer oder der Illuminaten finden ließen, gehört zu den beliebtesten Motiven unterschiedlicher Verschwörungstheorien – offenbar deshalb, weil keiner die Symbolik auf der Dollarnote so recht zu entschlüsseln vermag. Die Zeichen werden – irrtümlich – als Beweis für die heimlich vollzogene Weltherrschaft durch die Freimaurer herangezogen. Auf der Rückseite des erstmals 1935 in Umlauf gebrachten 1-US-Dollar-Scheins ist in einem Kreis eine Pyramide zu sehen. In ihrem Fuß ist mit römischen Zahlen das Gründungsjahr der USA (1776) vermerkt. An der oberen Spitze der Pyramide befindet sich das Symbol des Allsehenden Auge Gottes. Umrahmt wird die Pyramide oberhalb mit der Inschrift »Annuit Coeptis«, unterhalb mit dem Schriftzug »Novus Ordo Seclorum«. Diese Beobachtungen sind immer wieder Anlass für Spekulationen und Verschwörungsmythen. Demnach wird behauptet, die Jahreszahl beziehe sich in Wahrheit auf das Gründungsjahr der Illuminaten (1776), die Sockelinschrift bedeute entsprechend »eine neue Ordnung bzw. ein neuer Orden für die Zeit« oder »neue Weltordnung«. Die Überschrift an der Spitze wird mit »begonnen und gewährt« übersetzt. Eine andere Spekulation geht von folgender Überlegung aus: Würde man ein Hexagramm, mit einem Zacken als Auge, in das Siegel einzeichnen, so ergäben die restlichen Zacken die Buchstaben A S N O M, woraus sich das Wort »Mason«, engl. (Frei-)Maurer, bilden ließe. Übersehen wird jedoch, dass sich aus den Buchstaben insgesamt 120 Kombinationen bilden ließen.

Zur Erklärung: Die Zahl 1776 steht für das Jahr der Unabhängigkeitserklärung der USA. Von den 56 Unterzeichnern waren mindestens 15 erklärte Freimaurer, so z. B. Benjamin Franklin. Die 13 Stufen der Pyramide versinnbildlichen nicht 13 Stufen des Illuminatenordens, sondern stehen für die 13 US-amerikanischen Gründungskolonien. Die nach oben hin unvollendete Pyramide versinnbildlicht die Hoffnung, dass sich die USA noch weiter entwickeln würden. Der Schriftzug »Annuit coeptis«, eine Abwandlung eines Satzes aus Vergils Epos »Aeneis«, heißt wörtlich übersetzt: »Er hat das Begonnene gesegnet.« Dieser Schriftzug korrespondiert mit dem Symbol des Allsehenden Auges Gottes, das den dreieinigen Gott im Christentum versinnbildlicht. Demnach betrachten sich die 13 US-Kolonien als unter göttlichem Schutz stehend. »Novus ordo seclorum« (lat.) wird häufig falsch übersetzt und heißt wörtlich: »neue

Rückseite der 1-Dollar-Note (Ausschnitt)

Ordnung der Zeitalter« – und meint nichts anderes als die Tatsache, dass mit der demokratischen Staatsgründung der USA eine Zäsur in der Abfolge der Jahrhunderte gegeben ist. Viele der europäischen Freimaurerlogen verwenden das Symbol des Allsehenden Auge Gottes als konfessions- und religionsübergreifendes Sinnbild für das Transzendente, für Gott. In vielen Logen leuchtet das aus der christlichen Kunst übernommene Symbol, das sich über dem Stuhl des Meisters befindet und den Menschen an die alle Geheimnisse durchdringende, ewige Wachsamkeit Gottes erinnern soll.

Tempel Der feierliche Versammlungsraum der Loge wird auch als Tempel bezeichnet. Er hat die Form eines länglichen Vierecks und ist nach oben hin symbolhaft offen. In seinem Grundriss bildet er den Salomonischen Tempel ab. Drei Säulen oder Pfeiler (ionisch, dorisch, korinthisch) tragen symbolisch die Loge, sie versinnbildlichen Weisheit, Stärke, Schönheit. Der Salomonische Tempel, das große kunstvolle Bauwerk der Bibel, war bereits für die Steinmetzen der Dombauhütten als vorgestelltes Idealbild von Bedeutung, und König Salomo wurde von ihnen als größter Bauherr verehrt. Sein Bildnis ziert deshalb viele deutsche Dome. Für Freimaurer ist Salomo der Schützer der Baukunst im Dienst der göttlichen Verehrung. Sein Name taucht insbesondere in Zusammenhang mit der Bausage auf, in den Johannisgraden jedoch nur episodenhaft. Eine besondere Ausschmückung erfährt seine Person in den Hochgraden. In Anknüpfung an die Hiramslegende (S. 93 ff.) führt Salomo die Mörder des Baumeisters Hiram Abif ihrer gerechten Strafe zu und sichert den Weiterbau am Tempel. Salomo kennt – so die weitere Ausschmückung – den unaussprechlichen Namen Gottes und gibt ihn weiter. Auch die späteren spekulativen Maurer nahmen sich den Tempelbau Salomos zum Vorbild, setzten ihn nun aber mit dem zu errichtenden Tempel der Humanität gleich. Daher ist das Bildnis des Salomonischen Tempels bzw. der sieben Stufen, die zu ihm führen, auf vielen Symbolteppichen der freimaurerischen Logen zu finden.

In der Frühzeit der Freimaurerei fertigten die einzelnen Logen an ihrem Versammlungsort in den Gasthäusern eine Kreide- oder Kohlezeichnung als Arbeitstafel auf dem Boden an. Doch dieses Verfahren schien sich nicht bewährt zu haben, sodass man schließlich dazu überging, die entsprechenden Symbole z. B. auf eine Wachsleinwand zu malen, die am Ende der Logenarbeit zusammengerollt werden konnte. Daraus entwickelte sich im Lauf der Zeit der »Arbeitsteppich«, der besonders in den deutschen Logen üblich ist, wohingegen englische oder amerikanische Logen überwiegend nach einem gemalten Reißbrett arbeiten, das sich an einer bestimmten Stelle im freimaurerischen Tempel befindet. Bei jeder Arbeit wird auch heute noch der Arbeitsteppich feierlich enthüllt. Er zeigt die für jeden zu bearbeitenden Grad wichtigen Symbole, die bei der Aufnahme oder Beförderung erklärt werden. Der Arbeitsteppich bildet in gewisser Weise das Lehrbuch bzw. den Leitfaden freimaurerischer Sinnbilder.

Arbeitsteppich

Bildliche Darstellungen finden sich meist auch an den Wänden und Decken der Logenhäuser. Die Stufen versinnbildlichen die notwendige Entwicklung jedes Maurers und zeigen den Weg vom irdischen in den transzendenten Bereich. Innerhalb des Giebelfeldes des bildlich dargestellten Salomonischen Tempels befindet sich ein mit Strahlen versehenes und Liebe verströmendes Gottesauge im Dreieck als Symbol für den Allmächtigen Baumeister aller Welten (ABaW). Er bildet die geometrische Mitte des Teppichs. An diesem Punkt schneiden sich die senkrechte und waagerechte Mittellinie. Auf dem Arbeitsteppich ist auch der Flammende Stern zu finden, in dessen Mittelpunkt ein »G« eingezeichnet ist und das je nach Lehrart wiederum viele Bedeutungen annehmen kann. Innerhalb der Freimaurerei gilt es als das höchste Symbol des Transzendenten bzw. des Numinosen in der Freimaurerei, es ist zuweilen auch als Pentagramm oder Hexagramm (fünf- bzw. sechszackiger Stern) ausge-

Arbeitsteppich mit Symbolen des zweiten Grades

staltet. Er ziert alle Logen-Teppiche und findet sich häufig über dem Meister vom Stuhl an der östlichen Tempelwand. Der Flammende Stern gilt als Symbol für das Licht, das den Maurer auch in tiefster Finsternis begleitet. Es soll des Bruders Herz erleuchten und ihn zum Licht der Erkenntnis, der Wahrheit führen. Gleichzeitig soll dieses Licht den Tempel erleuchten.

»Freimaurer legen einen Eid auf die Finsternis ab«

Verpflichtung und Gelöbnis

Wer dem Bund der Freimaurer beitritt, bleibt dies in der Regel auf Lebenszeit. Eide kennt die heutige Freimaurerei nicht. Man spricht vielmehr von einem Gelöbnis, in dem der neu Aufgenommene sich zur Pflichterfüllung und zur Verschwiegenheit gegenüber Außenstehenden verpflichtet – im Blick auf die Erkennungszeichen und die logeninternen Angelegenheiten. Bei der Aufnahme gibt der Kandidat eine Verpflichtungserklärung ab, was früher durch einen Eid bekräftigt wurde. Vor 250 Jahren war die Verletzung des Eides mit zum Teil grausamen Bestimmungen verbunden, die, wie Freimaurer heute betonen, jedoch nicht angewandt wurden. Sie waren vielmehr den damaligen Zeitumständen geschuldet und wiesen symbolisch auf mögliche Konsequenzen bei Verrat hin.

Eid oder Gelöbnis?

Ein Austritt aus einer Loge ist aus Sicht der Freimaurer jederzeit möglich.

Kern der freimaurerischen Praxis sind die Arbeiten im Tempel. Darunter wird die Betätigung in den Logen verstanden. Grade, Rituale und Symbole prägen die freimaurerische Arbeit. In Deutschland besteht für die Freimaurerlogen keine allgemeine Ritualfreiheit. Sie sind jeweils

Ritualsysteme

an das Ritualsystem ihrer Großloge gebunden. Derzeit sind unter dem Dach der Vereinigten Großlogen von Deutschland mindestens acht verschiedene Ritualsysteme in Gebrauch. Die deutsche Freimaurerei wurzelt in zwei voneinander zu unterscheidenden Systemen.

Englisches System

Mit Gründung der Vereinigten Großloge von England im Jahr 1717 wurden vier Logen zusammengeführt, die besonders durch zwei unterschiedliche Ritual-Traditionen und Geisteshaltungen geprägt waren: zum einen durch die so genannte neuenglische, modernistische Richtung, die besonders der Aufklärung und dem deistischen Gedankengut verpflichtet war – in dieser Tradition steht auch der Verfasser der »Alten Pflichten«, James Anderson; zum anderen durch die altenglische Richtung, die – unter irischem Einfluss stehend – sich auf ältere Gebräuche berief und wohl stärker traditionell-christlich geprägt war.

Schottisches System (Hochgradmaurerei)

Die Anfänge des schottischen Systems, einer vermutlich mit schottischen Logen beginnenden Richtung, liegen weitgehend im Dunkeln. Hier spielen streng christlich geprägte Templertraditionen, teils mit stark legendären Ausschmückungen, eine Rolle.

Der Ritus der Freimaurer umfasst die Gesamtheit der anerkannten spezifischen maurerischen Verhaltensformen (Gebräuche, Brauchtum) vor allem für die rituellen Arbeiten, die durch Texte der verschiedenen Ritualsysteme und durch (logenspezifische) Überlieferungen vorgegeben sind. Aufnahmen und die »Bearbeitung« der einzelnen Grade erfolgen unter Ausschluss der Öffentlichkeit. Der Alltag soll – wie es heißt – draußen bleiben, damit der einzelne Freimaurer das jeweilige Ritual ungestört erleben kann. Damit wird die Loge zur Lehrstätte, in der der Einzelne mit Hilfe der freimaurerischen Symbole zur Humanität erzogen wird.

Sinn der Rituale

Aus Sicht der Freimaurerei darf das Individuum nicht als beziehungslose Einheit sich selbst überlassen bleiben. Vielmehr muss es eingebunden sein in eine lebendige Gemeinschaft, in der die Menschen nicht aus Zwang, sondern aus freiem Willen heraus handeln. Dieser Wille zu freiem Handeln soll geweckt und gestärkt werden. Dabei spielen Handlung und Erlebnis eine wichtige Rolle. Diesen beiden Aspekten entsprechen die Symbole und Rituale. So werden der Eintritt in die Loge und das Aufrücken in höhere Grade von rituellen Abläufen begleitet. Die Freimaurer selbst legen Wert darauf, dass es sich bei ihren Ritualen nicht um religiöse Weihehandlungen handelt.

Geheimhaltung

Bei grobem Verstoß kann ein Freimaurer aus einer Loge ausgeschlossen werden. Bestrafungen, wie sie in der Gegnerliteratur jahrhundertelang beschrieben wurden, kennt die Freimaurerei nicht. Die Freimaurer verzichten bewusst darauf, ihre Ritualtexte zu veröffentlichen. Gleichwohl weisen sie darauf hin, dass sie in Bibliotheken allgemein zugänglich sind. Auch im Internet finden sich entsprechende Dokumentationen. Gerade die Geheimhaltung, eigentlich ein Gelöbnis zur Verschwiegenheit, interpretieren die Freimaurer als wichtiges Erziehungsmittel. Die Schweigepflicht erstreckt sich durch das Gelöbnis auf die in den Einweihungsritualen »sub rosa« (unter Schweigepflicht) vermittelten Erkennungsmittel (Wort, Griff und Zeichen), auf die Ritualtexte sowie auf die besonderen Umstände der Initiationen. Der Freimaurer selbst darf sich als solcher deklarieren; allerdings darf er keine Angaben über die Zugehörigkeit anderer Brüder machen. Der Verschwiegenheit unterliegt auch, was ein Bruder dem anderen anvertraut hat.

Verschwiegener Männerbund?

Die Namen der Vorsitzenden und auch die Treffpunkte der örtlichen Logen sind in das Vereinsregister eingetragen und somit bekannt. Dennoch sind die Freimaurer den Nimbus, eine Geheimgesellschaft zu sein, nie ganz losgeworden. Sie können als »diskrete Gesellschaft« (Dieter A. Binder) oder als verschwiegener Männerbund betrachtet werden. Inzwischen sind viele dazu übergegangen, ihre Öffentlichkeitsarbeit mit Büchern, Informationsportalen im Internet oder durch Einladungen zum »Tag der offenen Tür« zu intensivieren. Die Werbung neuer Interessenten geschieht traditionell meist im persönlichen Umfeld, dennoch hat dieses alte Rekrutierungsschema seine Wirkkraft weitgehend verloren. Deshalb haben die Logen und Großlogen begonnen, ihre Öffentlichkeitsarbeit durch Presseartikel, Einladungen und Vorträge, aber auch durch moderne PR-Maßnahmen zu intensivieren – ein

Vorgehen, das innerhalb des Freimaurerbundes kontrovers diskutiert wird. Dabei wird die Kontaktaufnahme zur örtlichen Loge über das Internet in hohem Maße erleichtert. Inzwischen verfügt fast jede Loge über eine eigene Internetadresse. In den letzten Jahren haben die fünf deutschen Großlogen ihre Öffentlichkeitsarbeit kontinuierlich ausgebaut.

Im Rahmen von regelmäßigen Arbeitstagungen der Forschungsloge »Quatuor Coronati« oder neuerdings im Zusammenwirken mit universitären Einrichtungen in Bielefeld und Innsbruck werden Forschungen betrieben und ein eigenständiger wie auch selbstkritischer Umgang mit der Geschichte und dem Anliegen der »Königlichen Kunst« in der Postmoderne geleistet. Ihre Ergebnisse werden in freimaurerischen Jahrbüchern oder Zeitschriften veröffentlicht.

»Freimaurer schmücken sich mit vielen Titeln«

Ämter und Auftreten

Der Meister vom Stuhl

Jede Loge in der Bundesrepublik Deutschland unterliegt dem Vereinsrecht und basiert auf einer demokratischen Struktur. Sie benennt intern Funktionsträger, die als »Beamte« bezeichnet werden. Ihre Aufgaben und Zuständigkeitsbereiche werden von den Satzungen der jeweiligen Loge geregelt. Leitungsaufgaben einer Loge haben der Meister vom Stuhl, die beiden Aufseher (die »hammerführenden Beamten«) sowie, je nach Loge, auch der Schatzmeister. Vorsitzender einer Loge ist der Meister vom Stuhl. Er ordnet die Arbeiten an und leitet diese. Im Logenraum befindet sich sein Platz mit Tisch, dem Meistertisch (»Altar«), im Osten. Ab dem 18. Jahrhundert findet sich der Brauch, auf diesem Tisch die drei Großen Lichter der Loge – Bibel, Zirkel und Winkel – auszulegen. Von ihm soll gleichsam das Licht ausstrahlen. Als Zeichen der Würde führt der Meister vom Stuhl den sog. »ersten Hammer« der Loge und trägt das Winkelmaß als Abzeichen an einem Band auf der Brust. In der Regel wird er jährlich gewählt. Voraussetzung für die Wahl ist, dass der Kandidat eine dreijährige Meisterschaft vorweisen kann.

Beamtenrat

Der Meister vom Stuhl wird in der Leitung und Verwaltung der Loge vom Beamtenrat unterstützt. Ihm gehören meist folgende Mitglieder an: Meister vom Stuhl (Logenmeister), Zugeord-

> **Die Johannisloge wählt – je nach Lehrart – regelmäßig ihre »Beamten« für ein bis drei Jahre. Es können jedoch nur »Brüder Meister« zu Beamten gewählt werden. Bei den Vereinsämtern handelt es sich zugleich um Ämter bei der rituellen Arbeit. Die jeweiligen Amtsträger tragen bei den Tempelarbeiten blaue Bänder mit den ihnen jeweils zugeordneten Symbolen um den Hals.**

nete/r Meister vom Stuhl (Abgeordnete/r Meister), Ehrenmeister vom Stuhl (mancherorts nur mit beratender Stimme), Erster und Zweiter Aufseher, Schatzmeister, Redner, Schriftführer / Sekretär, Ordner / Zeremonienmeister, Erster Schaffner, Zweiter Schaffner, Vorbereitender Bruder. Der Beamtenrat kann Brüder der Loge mit besonderen Aufgaben bzw. Ämtern betrauen, fasst Beschlüsse über (Gesellen-)Beförderungen, (Meister-)Erhebungen, Streichungen, das Logenprogramm sowie über karitative Vorhaben.

Bekleidung

Die typische freimaurerische Bekleidung geht auf die Steinmetzgilden zurück. Sie wird nur bei Tempelarbeiten getragen. Die Bekleidung besteht aus Maurerschurz, weißen Handschuhen und Logenabzeichen (Bijou). In manchen Logen wird auch der schwarze Zylinderhut (»Hoher Hut«) getragen. Beim Maurerschurz gibt es hinsichtlich der drei zu bearbeitenden Grade optische Unterschiede: Beim Freimaurerlehrling ist der Schurz ein rechteckiges, weißes Leinentuch mit abgerundeten unteren Ecken und weißer Klappe. Bei dem des Gesellen ist meist eine weiße Umrandung hinzugefügt. Der Freimaurermeister trägt einen Maurerschurz mit blauer Umrandung. In manchen Logen sind beim Gesellen zwei und beim Meister drei Rosetten zu finden.

Die zwei- bis dreistündigen Tempelarbeiten werden feierlich gestaltet. Maßgeblich tragen hierzu die Gestaltung des Tempels und die musikalische Umrahmung bei. Da in der Freimaurerei auf die Gleichheit unter Brüdern Wert gelegt wird, ist es üblich, einen dunklen Anzug mit weißem Binder oder Schleife, schwarze Socken und schwarze Schuhe zu tragen, bei besonderen Tempelarbeiten – wie z. B. bei Aufnahmen, Festlogen oder beim Johannisfest – kann auch der Smoking bevorzugt werden.

»Die Loge ist ein Stammtisch für reiche Männer«

Feste

Freimaurer pflegen neben den Tempelritualen auch eine eigene Festkultur. So gibt es die Tafelloge, ein freimaurerisches Festbankett bei besonderen Anlässen wie etwa dem Stiftungsfest (dem Geburtstag) der Loge oder bei einer Aufnahme. Sie läuft nach einem festgelegten Zeremoniell ab und wird vom Meister vom Stuhl und den beiden Aufsehern geleitet. Das höchste Fest aller Freimaurer ist das am 24. Juni begangene Johannisfest, der Tag des Schutzpatrons aller Freimaurer, Johannes des Täufers. Es erinnert an den Gründungstag der spekulativen Freimaurerei (24.6.1717). Ebenso feierlich wird von den deutschen Logen ihr jeweiliges Stiftungsfest begangen. Es erinnert an den Tag, an dem die jeweilige Loge ihre Stiftungsurkunde (Logenpatent) erhalten hat. Sie dokumentiert damit ihre rechtmäßige Einsetzung (Regularität) durch eine Großloge.

Tafelloge

Während die genannten Feste nur intern von den »Freimaurerbrüdern« begangen werden, gibt es – je nach Gebrauch – auch »profane Veranstaltungen«, zu denen die Ehefrauen bzw. Partnerinnen (»Schwestern«) geladen sind. Hierzu zählen das Rosenfest (Schwesternfest) und die Vorweihnachtsfeier, mitunter auch Jahresabschluss- oder Neujahrsfeiern. Bei diesen Anlässen wird auf die maurerische Bekleidung verzichtet. Rein

Profane Feste

GRUNDLAGEN UND PRAXIS

gesellschaftliche Anlässe bilden hingegen Logenball, Faschingsfest oder Weinfest.

Trauerloge Nach dem Tod eines »Bruders« führen die jeweiligen Logen in ihren Tempelarbeiten eine Trauerloge durch. Auf besonderen Wunsch werden auch öffentliche Trauerfeiern angeboten. Es wird jeweils empfohlen, diesen Wunsch vorher schriftlich niederzulegen, »um Differenzen mit der Religionsgemeinschaft oder den Verwandten auszuschließen«. Am Grab ergreift der Meister vom Stuhl nach dem Geistlichen das Wort. Es können aber auch freimaurerische Redner oder mit dem Verstorbenen besonders befreundete Brüder die Ansprache halten. Am Ende bilden alle anwesenden Freimaurer mit der Witwe einen Kreis um den Sarg, fassen sich an den Händen und symbolisieren die »Kette«. In Deutschland treten die Freimaurer bei diesem Anlass im schwarzen Anzug mit weißem Binder bzw. Fliege und weißen Handschuhen auf. Schurz und Logenabzeichen fehlen. In der Regel legt der Meister vom Stuhl die drei freimaurerischen Rosen als letzten Gruß auf den Sarg, oder er wirft sie ins Grab. Dabei spricht er jeweils die Worte:

»Zu Haupt die sanft Erblühende, (rosa)
die Dunkle niederwärts, (rot)
die Weiße, ewig blühende, (weiß)
die leg ich Dir aufs Herz.«
Mitunter auch:
»Zu Haupt die weiß Erblühende, (weiß)
Die Dunkle niederwärts, (rot)
Die ewig sanft Erblühende, (rosa)
Die leg ich Dir aufs Herz.«

> In den freimaurerischen Ritualen steht die Rose als Symbol für die Schönheit. Sie ist aber auch Sinnbild für die menschliche Sehnsucht nach einem neuen, höheren Leben. Besonders in den deutschen Logen sind Rosen ein besonderes kultisches Ausdrucksmittel. In ihrer Zusammenstellung als Johannisrosen stehen sie herkömmlich für Licht, Liebe, Leben. Andere freimaurerische Interpretationen deuten sie als dreifache Kraft der Sonne im Frühling, Sommer, Herbst und ihren dreifachen Schein am Morgen, Mittag und Abend. Sie können aber auch in ihrer Dreiteilung als Sinnbilder von Verschwiegenheit, Schönheit und Zierde verstanden werden.

Mit der Trauerloge wird aber auch im Rahmen der jährlichen Tempelarbeit der Großloge zwischen Volkstrauertag und Ewigkeitssonntag der verstorbenen Brüder gedacht, die während des vergangenen Jahres nach freimaurerischer Vorstellung in den »Ewigen Osten« eingegangen sind. Die entsprechende Tempelarbeit wird nach dem Trauerritual der jeweiligen Großloge begangen. Der Tempel ist dabei schwarz verkleidet, vor dem symbolischen Sarkophag des Verstorbenen werden die Lichter entzündet. In manchen Großlogen ist es üblich, den Toten noch einmal sinnbildlich in die Kette aufzunehmen.

Je nach Brauch bzw. »Arbeitsplan« der Loge kommen die Brüder jede Woche oder jede zweite Wo-

Tempelarbeit

che zu einer Abendveranstaltung zusammen. Den Kern des freimaurerischen Lebens bilden rituelle Handlungen, die Tempelarbeiten. Sie sind die feierlichsten Veranstaltungen der Freimaurer und werden nur im eigens dafür hergerichteten Tempel begangen. Die Tempelarbeiten laufen nach dem vorgegebenen Ritual der jeweiligen Großloge und entsprechend dem jeweiligen Grad ab und finden in der Regel zweimal im Monat statt.

Interne Versammlungen

Über die zentralen rituellen Zusammenkünfte hinaus gibt es noch interne Logenversammlungen, bei denen das »brüderliche Gespräch« bzw. der Unterricht im Vordergrund stehen. So dienen »Kerzengespräche« zu verschiedenen Themen dem geistigen Austausch unter den Logenmitgliedern. Sie gehören ebenso zum Leben einer »Bauhütte« wie die öffentlichen Vorträge und die Gästeabende, bei denen Interessierte die Möglichkeit haben, im Gespräch mit den anwesenden »Brüdern« das Anliegen und die Ziele der Freimaurerei näher kennenzulernen. Daneben gibt es die Möglichkeit, sich bei Bruderabenden zum gemeinsamen Austausch zu treffen. Hinzu kommen interne Vorträge in den Logen, in denen das freimaurerische Gedankengut vertieft wird.

Karitatives Engagement

Ein weiterer wichtiger Aspekt ist das karitative Engagement der Logen. Am Ende jeder Tempelarbeit heißt es: »Wehret dem Unrecht, wo es sich zeigt, kehrt niemals der Not und dem Elend den Rücken, seid wachsam auf euch selbst!« Dieses Postulat mahnt den Freimaurer zu einer solidarischen Grundhaltung in der Gesellschaft. Regelmäßig wird bei den Zusammenkünften für externe Zwecke (Waisenhäuser, Unterstützung von Notleidenden u. a.) gesammelt. Besonders bekannt wurde die von dem prominenten Schauspieler und Freimaurer Karlheinz Böhm begründete Stiftung »Menschen für Menschen«. Einzelne Logen unterhalten eigene Stiftungen oder Hilfsprogramme. Die Aktivitäten werden vom Freimaurerischen Hilfswerk, einer gemeinnützigen karitativen Einrichtung der Vereinigten Großlogen von Deutschland, gebündelt und gefördert.

»Freimaurer wird man nur durch persönliche Empfehlung«

Initiation in einen Lebensbund

Voraussetzungen zur Aufnahme

Die Freimaurer betrachten die Aufnahme eines »Suchenden« als Initiation in eine Gesinnungsgemeinschaft bzw. in einen ethischen Lebensbund. Man tritt ihm bei, um ihm lebenslang anzugehören, jedoch ist ein Austritt jederzeit möglich. Die »Alten Pflichten« von 1723 nennen die für die Aufnahme in eine Freimaurerloge maßgeblichen Voraussetzungen, die ein Bewerber erfüllen sollte. In Abschnitt III heißt es: »Die als Mitglieder einer Loge aufgenommenen Personen müssen gute und aufrichtige Männer sein, von freier Geburt, in reifem und gesetztem Alter, keine Leibeigenen, keine Frauen, keine sittenlosen und übel beleumdeten Menschen, sondern nur solche von gutem Ruf.« Unter »frei« verstehen die Logen heute vor allem die innere Freiheit des Bewerbers, den keine Süchte beherrschen sollten (gleich ob Drogen jeglicher Art, Spielleidenschaft oder Arbeitssucht) und der zu selbstverantwortlichen Entscheidungen fähig ist. Der gute Ruf wird in der Regel dadurch nachgewiesen, dass der Kandidat eine Vertrauensperson benennt, die über ihn Auskunft geben kann. Meist geschieht dies durch persönliche Empfehlung eines Logenbruders oder durch die Teilnahme des Interessenten an öffentlichen Gästeabenden der örtlichen Loge. Bei mehrmaliger Teilnahme kann der Bewerber ein Logenmitglied bitten, die Bürgschaft für ihn zu übernehmen. Ein Aufnahmegesuch wird ausgefüllt, der Bürge fügt eine persönliche Erklärung bei und leitet das Formular an die Logenleitung weiter, die über das Gesuch entscheidet und den Aufnahmetermin festsetzt.

> **Eine weitere Kontaktmöglichkeit besteht neuerdings über das Internet. Inzwischen haben die Anfragen per E-Mail deutlich zugenommen. Von nicht zu unterschätzender Bedeutung sind auch die in Städten ansässigen Logenhäuser, die immer wieder Informationsveranstaltungen, Vorträge und Tage der offenen Tür anbieten, um die Öffentlichkeit über das eigene Anliegen zu unterrichten. Daraus ergeben sich erste Berührungen mit der Loge. Für die endgültige Aufnahme ist jedoch der persönliche Kontakt zu der örtlichen Loge mit einem entsprechenden Gesuch unabdingbar.**

Die Kugelung

Der Bewerber entrichtet bei seiner Aufnahme in den Bund der Freimaurer eine Gebühr, die bei etwa 500 Euro liegt. Der monatliche Mitgliedsbeitrag beträgt in deutschen Logen etwa 20 bis 30 Euro. Hat der Suchende die genannten Voraussetzungen erfüllt, kann er ein schriftliches Aufnahmegesuch an die Loge richten. Über die endgültige Aufnahme wird in der Loge durch die »Kugelung« entschieden. Im Unterschied zum herkömmlichen Vereinsbeitritt, der durch Unterschrift vollzogen wird, dauert das Aufnahmeverfahren in eine Freimaurerloge etwas länger. Der Interessierte und die Brüder der Loge sollten sich persönlich kennenlernen. Meist vergehen einige Monate (manchmal Jahre) vom ersten Kontakt bis zum Aufnahmeantrag. In dieser Zeit findet sich auch ein Bürge (Proponent) aus der Loge für ihn, der ihm hilfreich zur Seite stehen soll. Über die Zulassung eines »Suchenden« befinden die Mitglieder in geheimer Abstimmung. Hierzu werden schwarze und weiße Kugeln verwendet. Dieses Verfahren wird auch Kugelung oder Ballotage genannt. Finden sich bei der Auszählung nur weiße Kugeln, so handelt es sich um ein »hell-leuchtendes« Ergebnis und die Aufnahme ist beschlossen. In anderen Fällen entscheidet die Satzung. Für einzelne Logen ist ein »hell leuchtendes« Ergebnis, d. h. ein Ergebnis mit ausschließlich weißen Kugeln, keine Grundbedingung. So sind auch Abstimmungen mit zwei bis drei schwarzen Kugeln denkbar. In manchen Logen wird erwartet, dass Nein-Stimmen dem Meister vom Stuhl vertraulich zu begründen sind.

Aufnahme (Lehrlingsgrad) Dem Bewerber wird daraufhin das positive Abstimmungsergebnis mitgeteilt. Der Bürge bereitet ihn auf das eigentliche Aufnahmeritual zum symbolischen Lehrling vor. Dieses Ritual wird Lichterteilung oder Lichtgebung genannt und vollzieht sich unter Beteiligung der ganzen Loge. Unmittelbar vor der eigentlichen Aufnahme hat der Bewerber in einem Nebenraum der Loge drei Prüfungsaufgaben schriftlich zu bearbeiten. Die vorgelegten Fragen lauten: »Was sagt Ihnen der Begriff des Großen Baumeisters aller Welten? Was erwarten Sie von Ihrer Aufnahme für Ihr künftiges Leben? In welcher Weise glauben Sie, zur Verwirklichung der Idee der Freimaurerei beitragen zu können?« Hinzu kommt, dass der Bewerber sich über die Einweihung und ihre Bedeutung im Klaren sein muss. Ihm wird ein Meister an die Seite gestellt, der ihn auf dem Weg bis zu seiner Meistererhebung begleitet und betreut. Die Aufnahme in den Lehrlingsgrad wird als Initiation betrachtet.

Die freimaurerische Symbolik betont dabei den Weg des Suchenden aus der Dunkelheit zum Licht. Zunächst wird er in die »Dunkle Kammer« (auch »Kammer der verlorenen Schritte« bzw. »Kammer des stillen Nachdenkens«) geführt. Der Raum ist abgedunkelt und nur schwach erleuchtet. In ihm stehen ein Hocker und ein kleiner Tisch, auf dem sich Totenschädel, eine brennende Kerze, ein Stück Brot, ein Krug mit Wasser und Schreibgerät befinden. Dort liegt auch das aufgeschlagene »Buch des Gesetzes« mit dem für die Freimaurerei grundlegenden Sinnspruch »Erkenne dich selbst!«. Dieser Raum mit seinen Symbolen menschlicher Vergänglichkeit dient der stillen Vorbereitung auf die nachfolgenden Schritte der »Lichterteilung«. Dabei soll der Bewerber, der auch als »Neophyt« bezeichnet wird, die »Schritte des Profanen« hinter sich lassen und »den Weg zum Licht« antreten. Redner und Zeremonienmeister begeben sich in maurerischer Bekleidung zu der Kammer und stellen

Vom Dunkel ins Licht

dem Bewerber die Frage, ob er zum Beitritt bereit sei. Dann muss der Suchende alle metallischen Gegenstände (Schmuck, Geld) ablegen, ebenso Jacke und Binder. Mit dem Metall legt der Bewerber Reichtum und damit irdische Macht ab. Das Hemd wird am Hals geöffnet (meist die beiden oberen Knöpfe), die Ärmel hochgeschlagen. Dann wird dem Bewerber die Augenbinde angelegt, der linke Schuh wird gegen einen Pantoffel ausgetauscht. Das linke Knie des Bewerbers wird mit einer Binde versehen. Bar weltlichen Schmucks, arm, blind, hinkend und auf Hilfe angewiesen macht sich der Suchende auf den Weg zum Tempel. Aus einem Blinden soll ein Sehender werden. Dabei ist er auf die Gemeinschaft der Brüder angewiesen, die ihm unterstützend zur Seite stehen.

Gelöbnis Der Suchende wird zur Tür des Tempels geführt. Dort klopft er dreimal. Ein Wechselgespräch mit dem Meister vom Stuhl schließt sich an. Der angehende Lehrling wird in den Tempel geführt. Im weiteren Verlauf schließen sich die »drei Lehrlingsreisen« an. Sie führen jeweils von Westen nach Osten, von Morgen zum Abend. Diese Wanderungen versinnbildlichen die geistige Erleuchtung bzw. die Lichtwerdung des Suchenden. Die Elemente Feuer, Wasser, Luft begegnen ihm auf seiner Reise, darunter auch der Wind als Symbol für die Unwägbarkeiten menschlichen Lebens. Kniend und immer noch mit verbundenen Augen legt der Bewerber vor dem Altar mit den Drei Großen Lichtern – Bibel, Winkelmaß und Zirkel – das Gelöbnis ab. Er

**Initiation eines Suchenden
London 1809**

nimmt dabei eine besondere Haltung ein: Der rechte Fuß bildet ein Winkelmaß nach, mit der linken Hand hält er den Zirkel auf der Brust, die rechte Hand ruht auf dem Buch des Gesetzes. Durch das Gelöbnis verpflichtet sich der Bewerber für den Lehrlingsgrad zur Verschwiegenheit und bekennt sich zu Toleranz und Humanität. Er erklärt sich bereit, den Anordnungen des Meisters Folge zu leisten, im persönlichen Leben nach Vollkommenheit zu streben und den Brüdern mit Rat und Tat zur Seite zu stehen. Anschließend wird ihm die Augenbinde abgenommen, und er erblickt die Drei Großen Lichter der Freimaurerei auf dem Altar. Das ist der eigentliche Höhepunkt, die Lichtgebung. Darauf folgt die Aufnahme des Suchenden in die Bruderkette seiner Loge und die »Einschließung des neuen Bruders in die Kette« mit überkreuzten Armen. Die Brüder der Loge stimmen daraufhin das Bundeslied an.

> Im Alten Testament ist Tubalkain ein Nachkomme Kains. Gemeinsam mit seinem Bruder soll er nach freimaurerischer Tradition die beiden Säulen des Tempels – Jachin und Boas – geschaffen haben.

Anschließend vollzieht der Lehrling auf dem in der Mitte der Loge ausgelegten Lehrlingsteppich unter Anleitung des Zweiten Aufsehers den Lehrlingsschritt, der ihn von Westen nach Osten führt. Damit »ergreift« der Lehrling persönlich den Lehrlingsgrad. Daraufhin wird er in die traditionellen Erkennungsmerkmale Zeichen, Wort und Griff eingewiesen. Im Lehrlingsgrad ist es das Halszeichen, wobei die Rechte an den Hals gelegt und damit ein Winkelmaß nachgebildet wird. Das Lehrlingswort lehnt sich an die Bausymbolik des Salomonischen Tempels an: An der rechten Säule (J, Jachin oder Jakin) empfängt der Lehrling seinen Lohn. Um das Geheimnis des Losungswortes zu wahren, wird auf dessen korrekte Anwendung geachtet. Es darf nicht von einem allein ausgesprochen werden, sondern wird nur wechselseitig buchstabiert. Der Griff ist eine Art Handschlag, der den Lehrlingsschlag mit zwei kurzen Schlägen (als Ausdruck des Eifers bei der maurerischen Arbeit) und einem langen Schlag (als Sinnbild für die Beharrlichkeit) nachbildet. Dem Lehrling wird auch das dem Grad entsprechende Passwort (»Tubalkain«) mitgeteilt. Mit drei symbolischen Lehrlingsschlägen ist der Suchende endgültig in die Loge aufgenommen. Anschließend weist der Meister vom Stuhl ihn in das Brauchtum der Freimaurer in Zeichen, Wort und Griff ein. Danach wird der Lehrling mit weißem Schurz und mit weißen Handschuhen bekleidet.

Er erhält außerdem ein Paar weiße Frauenhandschuhe für die Ehefrau bzw. Partnerin sowie das Logenabzeichen, das so genannte Bijou. Manche Logen verleihen noch einen hohen Hut, der, falls dort üblich, bei den maurerischen Zusammenkünften getragen wird. Er ist Sinnbild der Freiheit sowie der Gleichheit unter den Freimaurer-Brüdern. Der Maurerschurz ist als weißes Viereck gestaltet, das als oberen Abschluss eine dreieckige Klappe trägt.

Freimaurer zu sein bedeutet, symbolisch den Tempel der Menschheit, der Humanität zu errichten. Die Bausteine hierfür sind die Freimaurer selbst. In diesem Sinne ist der Neuling ein noch unbehauener, ein rauer Stein, der noch bearbeitet und geformt werden muss, um in den Tempelbau eingefügt werden zu können. Die Arbeit am rauen Stein beginnt mit dem Bewusstwerden der eigenen Möglichkeiten und Grenzen, zu denen auch das Erkennen der persönlichen störenden »Unebenheiten« gehört, die es »abzuschlagen« gilt. Diese Arbeit, die als lebenslange Aufgabe begriffen wird, wird von der brüderlichen Gemeinschaft in der Loge begleitet, in die der Neuling eintritt. Das dem Lehrlingsgrad entsprechende Symbol ist die Spitzhacke, womit der raue Stein geformt und geglättet wird. Der 24-Zoll-Maßstab soll den Lehrling daran erinnern, sich die 24 Stunden des Tages richtig einzuteilen. Am Ende der feierlichen Zeremonie wird das neue Logenmitglied in die Rechte und Pflichten der »Brüder Lehrlinge« eingeführt. Damit ist aus dem Suchenden »Bruder Lehrling« geworden.

GRUNDLAGEN UND PRAXIS

Beförderung (Gesellengrad)

Für die Beförderung wird vorausgesetzt, dass der Kandidat in der Loge einen Vortrag gehalten und damit sein »Gesellenstück« abgeliefert hat. Daneben sollte er mindestens ein Jahr (bei manchen Logen auch zwei Jahre) lang als Lehrling regelmäßig an den Tempelarbeiten teilgenommen haben. Bei diesem Grad bearbeitet der Geselle – auf der Stufe der Selbstbeherrschung – symbolisch den kubischen Stein. Ebenso wie dieser eine winkelgerechte Form hat und sich mit anderen behauenen Steinen in den Tempelbau einpassen lässt, so soll sich auch der Geselle harmonisch in die Gemeinschaft einfügen. Damit wird der Geselle auf den sozialen Aspekt der Freimaurerei hingewiesen. Ein hierzu befugter Logenbeamter – etwa vorbereitender Bruder oder Aufseher – unterbreitet hierzu den entsprechenden Vorschlag zur »Beförderung«. Die Gesellenloge stimmt darüber ab. Die in deutschen Logen übliche Bezeichnung »Beförderung« bringt zum Ausdruck, dass damit auch eine Belohnung für die bisher geleistete Arbeit intendiert ist. Nach Vorstellung der Freimaurer hat der Lehrling damit die Arbeit am rauen Stein erfolgreich absolviert. Gleichwohl wird betont, dass dieser Arbeitsprozess – der Weg der Selbsterkenntnis – nie abgeschlossen ist und sich auf das ganze Leben erstrecken sollte.

Für das Gesellen-Ritual wird der freimaurerische Tempel entsprechend vorbereitet. Im Osten, hinter dem Altar, wo der Meister vom Stuhl sitzt, ist nun der Flammende Stern (entweder als Penta- oder als Hexagramm) angebracht, in dessen

> **Im Unterschied zur Aufnahme als Lehrling und zur Meistererhebung stellt die Gesellenbeförderung keine Initiation dar. Sie gleicht vielmehr einer Wanderung durch das Leben im hellen Licht, was durch die Symbole bei der Beförderung entsprechend zum Ausdruck gebracht wird. Im Vordergrund steht dabei die brüderliche Gemeinschaft. Deshalb werden in den Logen meist mehrere Lehrlinge im Ritual gemeinsam zu Gesellen befördert.**

Zentrum sich das »G« – das Symbol für das Transzendente bzw. Gott – befindet. Im Unterschied zum Ritual der Erhebung zum Lehrling, bei dem die Säule J (Jachin) eine besondere Rolle spielt, wird eine zweite Säule – versehen mit B (für Boas) – aufgestellt. Es ist die Säule, an dem die Gesellen ihren symbolischen Lohn erhalten. In der Mitte des Tempels liegen auf dem Arbeitsteppich der behauene bzw. kubische Stein und die Kelle als Symbol des Freimaurergesellen.

Vor seiner Beförderung hat der Lehrling in der »Kammer des stillen Nachdenkens« verschiedene Fragen zu beantworten. Sie lauten sinngemäß: »Welches Symbol hat dich am meisten angesprochen, und weshalb? Welche Erwartungen verbindest du mit der Beförderung zum Gesellen?« Anschließend wird der Lehrling vom Zeremonienmeister abgeholt. Anschließend werden die Lehrlinge, nachdem sie sich am Tempeltor mit Passwort, Zeichen, Wort und Griff ausgewie-

Gesellenreise

sen haben, in einer gemeinsamen Kette in den Westen des Tempels geführt, wo sie einer mündlichen Prüfung unterzogen werden. Dabei sollen sie Fragen aus dem Werkkatechismus der Lehrlinge ritualgerecht beantworten. Daran schließt sich die »Gesellenreise« an, die mit unverbundenen Augen vorgenommen wird und je nach Lehrart zwei, drei oder gar fünf Reisen umfassen kann. Dabei wird der Lehrling verschiedenen Versuchungen ausgesetzt, die den verschiedenen Himmelsrichtungen zugeordnet sind: Im Süden sind es Versuchungen wie Macht und Reichtum. Im Westen wird die beharrende Haltung betont. Im Norden ist Finsternis, im Osten Licht. Der Lehrling wird vor Hindernissen gewarnt, die sich ihm in den Weg stellen können. Die eigentlichen Versuchungen werden mit Gold (materielle Werte), Lorbeer (Ruhm und Glanz) und Schwert (Macht) symbolisch zum Ausdruck gebracht. Auf die in deutschen Logen üblichen drei Gesellenreisen folgt die Selbstverpflichtung des angehenden Gesellen zur Verschwiegenheit gegenüber den Lehrlingen und Nichteingeweihten.

Anschließend spricht der Lehrling das Gesellen-Gelöbnis, worin er sich verpflichtet, den Pflichten »mit verstärktem Eifer« nachzukommen, zusätzliche Aufgaben zu übernehmen, Selbstbeherrschung zu üben und weiterhin an der persönlichen Vervollkommnung zu arbeiten. Ebenso verspricht er, über das Brauchtum der Gesellen Verschwiegenheit zu wahren. Der Meister vom Stuhl setzt den Altarzirkel auf die entblößte Brust des Lehrlings und befördert unter Anrufung des Großen Baumeisters der Welten sowie unter dreimaligem Hammerschlag den Lehrling zum Gesellen. Daraufhin werden die Lehrlinge zurück in den Westen der Loge geführt. Dort legen sie ihre Rechte auf den behauenen Stein, während der Erste Aufseher, der Vorsteher der Gesellenkolonne, die Kelle als ihr neues Symbol über die vereinigten Hände setzt. Danach verlassen sie kurzfristig den Tempel, um ihre Kleidung zu vervollständigen. Anschließend führen sie auf dem Arbeitsteppich die neuen Schritte des Gesellen in Richtung von Westen nach Osten aus. Der Meister vom Stuhl teilt ihnen zum Schluss die Erkennungszeichen mit. Zunächst das Brustzeichen: Dabei wird der Daumen, der zum Zeigefinger im rechten Winkel steht, auf das Herz gelegt. Anschließend wird dem Gesellen das entsprechende Wort an der zweiten Säule mitgeteilt. Dort, an der Säule Boas, empfängt er seinen Lohn. Ihm wird der Griff mitgeteilt: Der Rhythmus der Schläge wird durch den Daumen auf den Mittelhandknochen des Partners wiederholt – lang, kurz, kurz, als Symbol des Nachdenkens und des Fleißes bei der Arbeit an der eigenen Persönlichkeit. Dabei wird dem Gesellen das Passwort des zweiten Grades mitgeteilt. Es lautet »Schibboleth«, das hebräische Wort für Kornähre. Damit wird auf das Buch der Richter (12,1–6) angespielt, wo vom Stamm Ephraim berichtet wird, in dessen Dialekt es »Sibboleth« ausgesprochen wird. Das Sinnbild des wogenden Kornährenfeldes soll nach freimaurerischer Vorstellung an die Solidarität unter den Brüdern und den Menschen erinnern.

Abschießend wird dem Gesellen der Schurz überreicht, den zwei Rosen zieren. Er kann aber auch in einfacher Form mit einer blau umrandeten Klappe gestaltet sein. Daran schließen sich die Unterweisung in der Werklehre zum Gesellengrad sowie entsprechende Katechismusfragen an. Mit der anschließenden Entlassung des Lichts aus dem Tempel endet die Tempelarbeit. Im Ritual der Beförderung spielen wiederum spezifische Symbole eine Rolle: Der Flammende Stern ist das Kernstück der Gesellenloge, herkömmlich ein Pentagramm im Zentrum des Arbeitsteppichs sowie hinter dem Altar im Osten der Loge. Weitere Symbole sind der kubische (behauene) Stein, als spezielle Werkzeuge des Gesellengrades Kelle (Symbol der Brüderlichkeit) und Mörtel (Symbol der Nächstenliebe) sowie die Säule Boas. Die Rose versinnbildlicht höhere Erkenntnis bzw. Licht. Nach freimaurerischem Verständnis soll der Geselle »um sich schauen«. Damit ist die Erwartung verbunden, dass der neue Geselle möglichst viele andere Logen besuchen und deren Lehrarten kennenlernen soll.

»Freimaurer müssen sich in einen Sarg legen«

Erhebung (Meistergrad)

Totenschädel und Sarg sind für den Freimaurer Sinnbilder, um sich sein eigenes Sterben zu vergegenwärtigen. Sie sind auf dem Arbeitsteppich abgebildet, der bei der Meistererhebung in der Loge ausliegt. Die Meistererhebung stellt den letzten und höchsten Grad der Johannismaurerei dar. Im Meistergrad soll für den Freimaurer der Durchbruch zum Transzendenten ermöglicht werden. Leitender Gesichtspunkt dabei ist die Vorstellung, wonach Lehrling und Geselle die irdische Materie bearbeiten. Der Tempel der Maurerei liegt jedoch auf der geistigen, unsichtbaren Ebene. Die im Ritual erkennbaren Anklänge an die christliche Auferstehungshoffnung werden von Freimaurern durchaus eingeräumt, wenngleich der Freimaurerbund sich dabei auf keine bestimmte religiöse Lehre festlegen will. Die Verleihung des Meistergrades stellt für Freimaurer neben der Aufnahme eines neuen Logenbruders die wohl tiefste Kulthandlung dar.

Der Meistergrad

In ihrem symbolischen Kern nimmt die rituelle Meistererhebung direkten Bezug auf die so genannte Hiramslegende. Sie entstammt dem Sagenkreis um den jüdischen König Salomo und findet sich in vielen freimaurerischen Darstellungen. Die Legende erzählt von dem zur Zeit Salomos am phönizischen Königshof arbeitenden überragenden Baukünstler und Erzgießer Hiram

Hiramslegende

Abif. Als Sohn einer Hebräerin trug er den Namen »Sohn der Witwe« und hatte die Oberaufsicht über 24000 Maurer und 1000 Meister. Die Schar der Bauleute war in die drei Grade unterteilt, wobei der Meister allein, als Ausweis seiner Würde, das legendäre Meisterwort besaß. Die Legende weiß weiter zu berichten, dass 15 Gesellen kurz vor Vollendung des Tempelbaus mit ihrem Grad unzufrieden waren und unter allen Umständen in den Besitz des Meisterwortes gelangen wollten, um auch in ihren jeweiligen Ländern als Meister zu gelten und zu Ansehen und Wohlstand gelangen zu können. Deshalb fassten sie den Plan, Hiram gewaltsam das Meisterwort abzutrotzen. Zwölf sahen schließlich von ihrem Ansinnen ab, die drei übrigen Gesellen fassten einen tödlichen Plan. Als Hiram sich wieder einmal während der Mittagszeit im Heiligtum des fast fertig gestellten Tempels aufhielt, lauerten die drei Gesellen ihm an den Toren im Osten, Westen und Süden des Tempels auf. Als der Baumeister sich zum Gebet an die Ostseite begab, versuchte der erste Verschwörer, gewaltsam in den Besitz von Meisterwort und Meistergriff (Handgriff) zu gelangen. Doch Hiram weigerte sich, beide preiszugeben. Daraufhin drückte der Mordgeselle seinen 24-Zoll-Maßstab quer über Hirams Hals. Der konnte jedoch zum Südtor fliehen, wo ihn schon der zweite Verschwörer erwartete. Hiram weigerte sich ein zweites Mal, und der Geselle versetzte ihm mit dem Winkelmaß einen Hieb auf die linke Brust, woraufhin Hiram zu straucheln begann. Er taumelte benommen zum Westtor, wo der dritte Geselle auf ihn wartete. Hiram weigerte sich abermals, das Meisterwort preiszugeben. Daraufhin schlug der Geselle mit dem Spitzhammer zu und zertrümmerte den Schädel des Meisters. Mit letzter Kraft riss Hiram sich das goldene Dreieck mit dem Meisterabzeichen von seiner Brust und warf es in einen tiefen Schacht. Dann verschied er. Seinen Leichnam verscharrten die drei Mörder in einer Grube. Sie war sechs Fuß lang und in ost-westlicher Richtung ausgehoben. Die drei Gesellen steckten einen Akazienzweig als geheimes Erkennungszeichen in den Grabhügel. Schon bald wurde die Vermutung laut, dass Hiram ermordet worden sein könnte. Die zwölf reuigen Verschwörer lenkten den Verdacht schließlich auf die drei Attentäter. Sie wurden aufgespürt und ihrer Strafe zugeführt.

Über den weiteren Verlauf gibt es unterschiedliche Versionen. Demnach hätten sich die Mörder selbst getötet bzw. seien nach der von ihnen gewünschten Hinrichtungsart umgebracht worden. Zur Abschreckung wurden ihre Häupter am Tempel zur Schau gestellt. König Salomo beauftragte die zwölf Gesellen, nach dem Leichnam des ermordeten Meisters zu suchen, um auch das verlorene Meisterwort wiederzufinden. Nach 15 Tagen fanden sie das Grab mit dem Akazienzweig. Der Leichnam war inzwischen in starke Verwesung übergegangen. Einem der Männer entschlüpfte der Ausruf »Machbenak« (etwa: »Das Fleisch löst sich von den Knochen«) – ein Ausspruch, der von nun an ersatzweise als Losungswort des Meistergrades akzeptiert wurde. Eine andere Version berichtet, der Ausruf habe

»Adonai Elohim« (»O Herr, mein Gott!«) gelautet. Damit wäre eine andere Form des Gottesnamens wiedergegeben, der dann als Ersatz des verlorenen Meisterwortes galt. So soll auch der tiefe Schacht mit dem vom sterbenden Hiram weggeworfenen Talisman wiederentdeckt worden sein. Dieser Schacht befand sich demzufolge unter einem geheimnisvollen Gewölbe – in der englischen Hochgradsymbolik als »Königliches Gewölbe« (engl. Royal Arch) bezeichnet – und war auf einem dreieckigen Altar unter einem steinernen Würfel eingemauert, auf dem die Zehn Gebote Gottes eingemeißelt waren. Auf dem Grab des ermordeten Baumeisters Hiram trieb der Akazienzweig neu aus – als Sinnbild für das nicht endende Leben, das in der treu bewahrten Kunst des Meisters fortdauert.

Nachleben Hirams

Nach freimaurerischer Vorstellung vollzieht jeder neue Meister rituell das Leben des geistigen Ahnherrn Hiram nach. Die Ritualsysteme der Großlogen (Obedienzen) verwenden jeweils unterschiedliche Versionen der Legende, die in ihrem Kern jedoch überall gleich ist. Nach freimaurerischer Vorstellung lebt Hiram als Symbolfigur in allen Freimaurern weiter. Die Akazie wird in der Freimaurerei daher zum Symbol der Unsterblichkeit und der Ewigkeit bzw. zum Symbol der Seele, des Geistes und des Lebens. Im Ritual des dritten Grades wird die Hiramslegende symbolisch nachvollzogen, gleichsam »dramatisch aufgeführt«. Man könnte sie auch als freimaurerisches Psychodrama bezeichnen. Das symbolische Durchleiden des Todes rückt damit in das Zentrum. Nicht Hiram soll neu erstehen bzw. auferweckt werden, sondern sein Fortleben in jedem Freimaurermeister herbeigeführt werden. Dementsprechend bekommt das geheime Meisterwort »Machbenac« auch die Bedeutung: »Er lebt in diesem fort.«

Bevor der Geselle zum Meister erhoben wird, sollte mindestens ein Jahr vergehen. Dies geschieht auf Antrag oder auf Vorschlag. Allerdings besteht kein Anspruch auf diese Erhebung. Zunächst muss der Geselle ein »Meisterstück« abgeben, d. h. einen Vortrag im Tempel halten. Die Abstimmung über die Eignung des Kandidaten erfolgt in der Meisterloge. Wenn die Loge zugestimmt hat, kommt es zur rituellen Aufnahme. Der Bürge bereitet den Gesellen auf die notwendigen Schritte vor. Zunächst hat der Geselle schriftlich persönliche Fragen zu beantworten, wiederum in der Kammer der verlorenen Schritte. In den drei Fragen geht es um gewonnene Erkenntnisse für die eigene Lebensgestaltung und um seine persönlichen Erwartungen an den Meistergrad. Die dritte Frage fordert den angehenden Meister auf, Stellung zum Tod und zur Unvergänglichkeit des Geistigen – zentrales Thema des Meistergrades – zu nehmen. Zur Besinnung dienen ihm hierfür die Symbole Sanduhr, brennende Kerze, Totenschädel und das aufgeschlagene Buch des Gesetzes in der Kammer. Zugleich erhält der Anwärter dieses Grades die Lehre von der Erhebung des Guten im Menschen durch die Kraft der fünf Meistertugenden: Weisheit des Herzens, Wahrheit in Worten, Vorsicht im Handeln, Unerschrockenheit bei unvermeidlichen Übeln, unermüdlicher Eifer in Bewirkung des Guten. Die in den drei Graden enthaltene Gesamtlehre der Freimaurerei findet hier ihren Abschluss.

Erhebungsritual

Für die rituelle Arbeit zur Meistererhebung ist der Tempel schwarz gehalten – zum Zeichen der Endlichkeit menschlichen Lebens. Schwarzes Tuch verhüllt den Altar und die Tische der »Beamten«. In der Mitte der Loge befindet sich der dem dritten Grad entsprechende Arbeitsteppich. Im Zentrum steht ein Sarg. Auf dessen Deckel liegen ein Totenschädel und ein Akazienzweig und jeweils an einem Ende ein Winkelmaß und ein Zirkel. Die Antworten des Gesellen werden verlesen, und die anwesende Meisterloge stimmt über die Erhebung ab. Rückwärts schreitend wird der angehende Meister in den Tempel geführt, nachdem er sich als Geselle ausgewiesen hat. Dabei sieht er nur den hammerführenden Meister, die übrigen Brüder sind seinem Blickfeld entzogen. Zunächst hat er sich den Katechismus-Fragen des ersten und zweiten Grades zu unterziehen. Daran schließt die Ansprache des Meisters an, in der ihm das zu vollziehende Todeserlebnis als Wiedergeburtserlebnis nahegebracht wird. Hierauf folgen die drei »Meister-Reisen«, die den Reisen der beiden unteren Grade ähneln, sich aber im Symbolgehalt von ihnen unterscheiden. Die Meister-Brüder umstellen den Sarg. Der Geselle erhält einen Totenschädel und wird symbolisch auf »Reise« geschickt. Anschließend wird der Geselle plötzlich so gedreht, dass ihm Sarg und Altar direkt vor Augen sind. Er wird symbolisch aus der Bruderschaft ausgestoßen und damit geprüft. Mit dem Überschreiten des Sarges vollzieht er schließlich den Übergang vom Tod in ein höheres Leben.

Nun folgt das Gelöbnis auf den Meistergrad. Darin bekennt sich der Geselle zur unauflöslichen Gemeinschaft der Brüder, zur Verschwiegenheit sowie dazu, das eigene vergängliche Leben unter dem Maßstab des Ewigen zu begreifen. Im nächsten rituellen Schritt kommt nochmals die Hiramslegende ins Spiel, wobei die Auferstehung Hirams symbolisch-rituell nachvollzogen wird. Anschließend werden dem neuen Meister die nun für ihn gültigen Zeichen mitgeteilt: Das sind Erkennungszeichen, sog. Schreckenszeichen und Notzeichen. Am Altar wird ihm der dem Grad entsprechende Maurerschurz überreicht. Er ist mit drei Rosetten oder mit einer blauen Klappe gestaltet. Der neue Meister wird in Fragen des Meistergrades belehrt. Anschließend wird die Johannis-Meisterloge feierlich geschlossen.

Hochgrade

Darüber hinaus gibt es im deutschsprachigen Raum verschiedene Hochgradsysteme unterschiedlicher Herkunft, die über die drei Grade (Lehrling, Geselle, Meister) noch weiterführende Grade bearbeiten.

York-Ritus

Der York-Ritus (auch Royal Arch oder Amerikanischer Ritus) stützt sich auf alte freimaurerische Traditionen und ist besonders in Nordamerika verbreitet. Es handelt sich dabei um weiterführende Erkenntnisstufen, die in den drei Abteilungen des »Kapitels« (mit vier Kapitelgraden), des »Konzils« (zwei bzw. drei »kryptische Grade« genannte Rituale) sowie in der »Komturei« bearbeitet werden. In Deutschland nennt sich der Bund »Oberstes Großkapitel der Maurer vom königlichen Bogen – Großkonzil der kryptischen Maurer von Deutschland«. Der York-Ritus wird in Berlin, Bremen, Frankfurt/Main, Gelsenkirchen, Hamburg, Lübeck, Mannheim, München und Pirmasens bearbeitet. In Österreich ist der York-Ritus ebenfalls anzutreffen.

Der Alte und Angenommene Schottische Ritus

Der Alte und Angenommene Schottische Ritus (AASR) bezeichnet sich in seiner »Konstitution« als »freimaurerischer Orden weltweiter Verbundenheit«. Er wird in der Freimaurerei auch als »Ritus« oder »rote Freimaurerei« bezeichnet. Entgegen der Selbstbezeichnung ist der Ritus in Frankreich entstanden. Im Unterschied zur »blauen Freimaurerei« bzw. Johannismaurerei mit den drei »symbolischen Graden«, in der bei der Logenausstattung, den Bandfarben und den Einfassungen der Maurerschurze die Farbe Blau als Farbe des Himmels dominiert, überwiegt im AASR die Farbe Rot. So bearbeitet der AASR in Deutschland nur die Hochgrade, die über den Meistergrad hinausgehen. Nur reguläre Freimaurermeister können in die weiterführenden Grade des AASR aufgenommen werden. Insgesamt zählt das System 29 Grade. In Deutschland bearbeitet der AASR jedoch nur vier Grade (IV, XVIII, XXX und XXXII). Sie werden in der Tempelarbeit erteilt, während die Zwischengrade lediglich »mitgeteilt« werden.

Freimaurer heute

»Freimaurer sind eine aussterbende Zunft«

Königliche Kunst zwischen Mitgliederschwund und Stagnation

Insgesamt ist die Zahl der Freimaurer rückläufig und stagnierend. Zum Teil wird in internen Veröffentlichungen über den weltweiten dramatischen Rückgang der Mitglieder Klage geführt. Im deutschsprachigen Raum sind die Zahlen stagnierend bzw. leicht rückläufig. Deshalb wird intern kontrovers darüber diskutiert, ob durch eine stärkere Öffentlichkeitsarbeit Vorbehalte abgebaut und neue Interessenten gewonnen werden könnten.

Eine Weltzentrale der Freimaurer besteht nicht. Beim Bund der Freimaurer handelt es sich um eine international verbreitete, in den einzelnen Ländern in Logen organisierte Bewegung. Weltweit gibt es derzeit nach Schätzungen fünf bis sechs Millionen Freimaurer. Für England wird die Zahl mit 600 000 Freimaurern in 8500 Logen

Verbreitung weltweit

angegeben. Am stärksten ist die Freimaurerei mit rund vier Millionen in Nordamerika vertreten. Auch in Osteuropa lässt sich – nach einem jahrzehntelangen Verbot im kommunistischen Machtbereich – seit den 1990er Jahren ein Wiederaufleben der Freimaurerei beobachten. Schon bald nahmen die Logen in den einzelnen Ländern ihre Arbeit auf: Ungarn (1989), Russland (1990), Bulgarien (1992), Ukraine (1994), Litauen und Estland (1995), Lettland (1996), Bosnien (1999). Nationale Großlogen entstanden in der damaligen Tschechoslowakei (1990, später als Großloge von Tschechien), Polen (1991), Rumänien und Jugoslawien (1993), Großloge von Russland (1995) sowie Kroatien (1997), Slowenien (1999), Bosnien-Herzegowina (2005) und Ukraine (2005). Lediglich im kommunistisch regierten Kuba konnte die dort ab 1802 aufkommende Freimaurerei überdauern. Im Jahr 1999 gehörten der dortigen Großloge 24000 Freimaurer in 314 Logen an. In islamisch geprägten Ländern ist die Königliche Kunst faktisch nicht existent. In der Türkei besteht seit 1956 eine nationale Großloge, die 1970 offiziell von der englischen Großloge anerkannt wurde. Der Großloge der Türkei gehören heute 7800 Mitglieder in 98 Logen an. In Afrika wurde 1736 die erste Loge in Cape Coast Castle (Goldküste) gegründet. In Australien gibt es in den verschiedenen Bundesstaaten ein reges freimaurerisches Leben.

Deutschsprachiger Raum

Die Tempelarbeit der Freimaurer geschieht vor Ort in der Loge. Die nächsthöhere organisatorische Einheit ist die Großloge, die ihr eigenes

Lehr- und Ritualsystem pflegt. In den deutschsprachigen Ländern verlief die Entwicklung der Freimaurerei unterschiedlich.

In Deutschland gibt es aus historischen Gründen keine vereinigte nationale Großloge, sondern fünf nebeneinander bestehende Großlogen mit unterschiedlichen Lehrgradsystemen. Diese wiederum haben sich 1958 mit der »Magna Charta« eine verbindende Klammer gegeben: Vereinigte Großlogen von Deutschland (VGLvD) – Bruderschaft der Freimaurer. Ihr gehören folgende Großlogen an: die Großloge der Alten Freien und Angenommenen Maurer von Deutschland; die Große Landesloge der Freimaurer von Deutschland – Freimaurerorden; die Große National-Mutterloge »Zu den drei Weltkugeln«; die American Canadian Grand Lodge (ACGL); die Grand Lodge of British Freemasons in Germany (GL BFG).

Deutschland

Logo der VGLvD

Während die beiden letztgenannten Großlogen nach 1945 aus so genannten Feldlogen der alliierten Streitkräfte hervorgegangen und seit 1970 unter dem Dach der VGLvD vertreten sind, können die drei erstgenannten auf eine lange und zum Teil wechselvolle Geschichte zurückblicken. Der alle drei Jahre gewählte Großmeister der VGLvD ist nach außen hin der höchste Repräsentant der deutschen Freimaurer. Derzeit gibt es in Deutschland 14 000 Freimaurer in rund 470 Logen.

Großlogen	Tochterlogen	Mitglieder
Großloge der Alten Freien und Angenommenen Maurer von Deutschland (GL AFAM)	267	8851
Große Landesloge der Freimaurer von Deutschland (GLL FvD)	98	3239
Große National-Mutterloge »Zu den drei Weltkugeln« (GNML 3WK)	43	790
American Canadian Grand Lodge (ACGL)	39	617
Grand Lodge of British Freemasons in Germany (GL BFG)	16	391
(Johannisloge »Zur weißen Lilie«)	1	30
(Jacob de Molay)	2	77

(Quelle: Großmeisteramt der Vereinigten Großlogen von Deutschland, 12/2007)

Österreich Bereits Anfang 1731 wurde der Gemahl Maria Theresias, Herzog Franz Stefan von Lothringen, der spätere Kaiser Franz I., in Den Haag durch eine englische Deputationsloge in den Bund der Freimaurer aufgenommen. Die erste Loge Österreichs wurde 1742 in Wien gegründet. 1918 entstand die Großloge von Österreich. 1938 verboten die Nationalsozialisten die Freimaurerei. Sie beschlagnahmten das Logenvermögen, verhafteten und verschleppten wichtige Funktionsträger. Nach dem Zweiten Weltkrieg wurde die Freimaurerei neu belebt. Im Jahr 2007 gehörten der Großloge von Österreich 67 Logen mit rund 2800 Mitgliedern an. Auf eine Öffentlichkeitsarbeit, etwa im Internet, wird jedoch verzichtet. Seit 1975 betreibt die Großloge auf Schloss Rosenau in der Nähe von Zwettl im Waldviertel (Niederösterreich) ein Freimaurermuseum. Dort werden zahlreiche Logenexponate und regelmäßige Sonderausstellungen gezeigt.

Neben der auf drei Grade beschränkten Johannismaurerei gibt es in Österreich auch Hochgradsysteme, wie den Schottischen Ritus und den vom Großkapitel von Österreich der Maurer vom Königlichen Bogen repräsentierten York-Ritus. Das Miteinander zwischen den verschiedenen Lehrarten wird durch »Konkordate« geregelt. Neben den Männerlogen bestehen fünf Wiener Logen, die den Großorient von Österreich bilden. Er ist aus einer Abspaltung von der Großloge von Österreich hervorgegangen. Dieser Obedienz gehören Logen an, die Männer und Frauen aufnehmen. Außerdem gibt es den in Wien ansässigen Universalen Freimaurerorden Hermetica, der in seinen beiden Logen Frauen und Männer aufnimmt.

Schweiz

1736 wurde in Genf die erste Schweizer Loge gegründet, 1844 in Zürich die erste Schweizer Großloge Alpina. Bis dahin bestanden über 30 Logen mit unterschiedlichen Lehrsystemen. Heute gehören der Großloge 81 Logen mit 3550 Freimaurern (Stand 6/2007) an. Daneben besteht – bedingt durch Einflüsse der französischen Freimaurerei – der Grand Orient de Suisse mit 20 Logen. Der Schweizer Frauengroßloge sind 14 Logen angeschlossen. Daneben existiert die Gemischte Großloge der Schweiz mit neun Logen. Die Schweizer Jurisdiktion des Droit Humain ist mit drei Logen vertreten. Darüber hinaus gibt es verschiedene Männer-, Frauen- und gemischte Logen, die sich keiner Großloge angeschlossen haben. Außerdem sind Mitglieder der französischen Obedienzen in der Schweiz aktiv.

»Die Freimaurer sind eine Sekte«

Männerbund zwischen Ethik und Religion

Freimaurer betonen, dass sie keine religiösen Ziele anstreben. Nach den Alten Pflichten sollte ein Freimaurer weder ein Gottesleugner noch ein bindungsloser Freigeist bzw. Sektierer sein. Der Bund der Freimaurer sieht sich nicht als Religion, Religionsgemeinschaft oder Ersatzkirche. Freimaurerei gilt ihm vielmehr als Lebenskunst, die menschliches Miteinander und ethische Lebensorientierung durch Symbole und Handlungen in der Gemeinschaft der Loge darstellbar, erlebbar und erlernbar machen soll. Auf religiöse Festlegungen wird verzichtet, um Menschen unterschiedlicher religiöser Prägung einen Raum der Begegnung und des vorurteilsfreien Miteinanders zu ermöglichen. Innerhalb der Freimaurerei gibt es jedoch implizit religiöse Aspekte. Daher sind Gespräche über Religion – im Sinne konfessioneller Debatten – wie auch über (Partei-)Politik in den Logen verpönt, um keinen Zwist in den Bund zu tragen.

Lebenskunst oder Religion?

Die Haltung der christlichen Kirchen zur Freimaurerei ist uneinheitlich, in ihrem Grundtenor jedoch eher ablehnend. Besonders in den USA gibt es von Seiten calvinistisch oder lutherisch geprägter Kirchen teilweise große Vorbehalte. Es wird von einer Mitgliedschaft abgeraten und bei Zuwiderhandlung vereinzelt sogar mit Sanktionen gedroht. Eine ablehnende Einschätzung findet sich auch bei

Die Haltung der Kirchen

FREIMAURER HEUTE

presbyterianischen Gemeinden in Schottland und Irland, und auch die niederländisch Reformierten raten zur Zurückhaltung. 1984 äußerte die anglikanische Kirche in England Bedenken gegenüber der Freimaurerei. Von ihrer prinzipiellen Unvereinbarkeit mit dem Christentum ist die griechisch-orthodoxe Kirche überzeugt. Deutliche Unterschiede in der Haltung zur Freimaurerei gibt es zwischen der römisch-katholischen Kirche und der evangelischen Kirche in Deutschland.

Katholische und evangelische Reaktionen

Für einen Katholiken zieht heute – anders als in früheren Jahren – die Mitgliedschaft in einer Loge nicht mehr unmittelbar eine kirchliche Strafe (Exkommunikation) nach sich. Gleichwohl bleibt das negative Urteil über die Freimaurer weiterhin bestehen, da deren weltanschaulichen Grundlagen mit der Lehre der katholischen Kirche für unvereinbar gehalten werden. Genannt werden dabei der Relativismus, das deistische Gottesbild und nicht zuletzt der sakramentsähnliche Charakter der Rituale. Katholiken, die Freimaurerlogen angehören, befinden sich demzufolge im Stand der schweren Sünde. Eine gemeinsame Gesprächsgruppe der evangelischen Kirche in Deutschland und der Vereinigten Großlogen von Deutschland hat 1973 keine prinzipielle Unvereinbarkeit feststellen können, wenngleich einzelne Fragen offen geblieben sind. Heutige Anfragen aus evangelischer Sicht beziehen sich vor dem Hintergrund der Rechtfertigungslehre »allein aus Glauben« auf den Stellenwert des Ritualerlebnisses beim Einzelnen und auf die Selbstpositionierung der Freimaurerei zwischen Säkularität und neuer Männerspiritualität.

»Freimaurerei ist Männersache«

Frauenlogen

Nach ihrem Selbstverständnis sind die Freimaurer ein Männerbund. Die »Alten Pflichten« von 1723 sahen vor, dass nur Freimaurer sein könne, wer ein »Mann von gutem Ruf« sei. Deshalb legen die maskulinen Logen bis heute Wert darauf, dass nur Männer in den Bund aufgenommen werden können. Kontakte zu Logen, die Männer und Frauen aufnehmen, werden bewusst abgelehnt. Würde man Frauen den Zugang öffnen, so wird herkömmlich argumentiert, würde sich die Dynamik in einer Loge verändern. Außerdem sei das Ritualerleben bei Frauen und Männern unterschiedlich. Deshalb lehnen es die traditionsbewussten Logen bis heute ab, Frauen in ihre Reihen aufzunehmen und zur gemeinsamen rituellen Arbeit im Tempel zuzulassen.

Traditionelle Ablehnung von Frauen

Im Unterschied zum fast 300 Jahre alten Bruderbund ist die feminine Freimaurerei wesentlich jünger. In Deutschland gab es erst Mitte des 20. Jahrhunderts den Versuch, Frauenlogen zu etablieren. So wurde am 30. Juni 1949 in Berlin-Wilmersdorf der erste Freimaurerzirkel »Zur Humanität« gegründet. Dieses Vorgehen stieß bei den »Brüdern« jedoch auf große Skepsis. Als sich 1982 in Düsseldorf und Wetzlar weitere Zirkel gründeten, war die Zeit gekommen, um die Frauen-Großloge »Zur Humanität« ins Leben zu rufen. Dies geschah noch im selben Jahr in Ber-

Frauenlogen

lin. Die Keimzelle, der Berliner Zirkel, nannte sich seither »Zur Humanität und Beständigkeit«.

Im Jahr 2007 konnte die Frauen-Großloge von Deutschland ihr 25-jähriges Bestehen feiern. Es handelt sich dabei um einen Zusammenschluss von Logen, die ausschließlich Frauen aufnehmen und zu ihren rituellen Arbeiten zulassen. Ihre Arbeit orientiert sich im Wesentlichen an der des Bruderbundes. Der Frauen-Großloge von Deutschland mit Sitz in Berlin gehören derzeit 16 Logen mit ca. 250 Freimaurerinnen an: Berlin (gegr. 1949), Düsseldorf (gegr. 1982), Wetzlar (gegr. 1982), Mannheim (gegr. 1982), Köln (gegr. 1992), Wiesbaden (gegr. 1995), Reutlingen (gegr. 1996), Ingolstadt (gegr. 1998), Hannover (gegr. 1999), Fürth (gegr. 2000), Dortmund (gegr. 2000), Darmstadt (gegr. 2001), Essen (gegr. 2003), Osnabrück (gegr. 2003), Bielefeld (gegr. 2004), Göttingen (gegr. 2004) und Saarbrücken (gegr. 2007). Darüber hinaus existieren freimaurerische Arbeitszirkel für Frauen mit dem Ziel einer Logengründung in Aachen, Dresden, München und Trier; in Bremen und Hamburg sind solche Zirkel im Aufbau begriffen. Inzwischen hat sich das Verhältnis zwischen maskuliner und femininer Freimaurerei spürbar entspannt. Zwar gibt es weiterhin keine gemeinsamen Tempelarbeiten, doch bestehen informelle Kontakte im Rahmen von Tagungen und Seminaren.

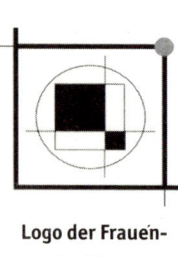

Logo der Frauen-Großloge von Deutschland

Gemischte Logen

Neben dem Männerbund und der Frauen-Großloge von Deutschland gibt es noch einzelne, zahlenmäßig jedoch eher unbedeutende »gemischte Logen«, die Frauen und Männer in ihre Reihen aufnehmen. Hierzu zählen die Logen des aus Frankreich stammenden Droit Humain, der Humanitas – Großloge für Frauen und Männer in Deutschland sowie des Souveränen GrossOrient von Deutschland. Diese Form der »gemischten« bzw. »liberalen« Freimaurerei wird jedoch von den deutschen Großlogen als irregulär abgelehnt.

»Lions Club und Rotarier sind Freimaurer-Vereinigungen«

Service-Clubs

Lions International

Immer wieder werden ganz unterschiedliche Vereinigungen mit den Freimaurern verwechselt. Rotary und Lions sind so genannte Service-Clubs, die erst im 20. Jahrhundert entstanden sind. Sie stützen sich auf gemeinsame Grundprinzipien: das Handeln nach ethischen Maßstäben der europäischen Wert- und Moralvorstellungen, die Pflege des Freundschaftsprinzips, die Umsetzung des Hilfsgedankens, nach denen die Clubs den Menschen und der Allgemeinheit zu dienen haben sowie die internationale Verständigung. Darüber hinaus gibt es Vereinigungen, die hinsichtlich ihrer humanitären Zielsetzung und ihres Aufbaus zwar Ähnlichkeiten mit dem Bund der Freimaurer aufweisen, aber in keiner organisatorischen Verbindung mit diesem zu sehen sind.

Der Name Lions steht für die Initialen jeweils von »Liberty, Intelligence, Our Nation's Safety«. Der Club wurde am 7. Juni 1917 von Melvin Jones auf der Grundlage mehrerer bereits existierender Business Clubs in Chicago gegründet, die sich unter dem Namen »Association of Lions Club« zusammenschlossen, um dem Wohl der Allgemeinheit zu dienen. Weltweit gibt es 45 000 Lions Clubs mit über 1,34 Millionen Mitgliedern.

Am 5. Dezember 1951 wurde der erste Lions Club Deutschlands in Düsseldorf gegründet. In Deutschland gibt es 1248 Clubs mit rund 42000 Mitgliedern. Zu den Zielen der Vereinigung gehören: der Einsatz für die gegenseitige Verständigung unter den Völkern der Welt, die Förderung der Grundsätze eines guten Staatswesens und guten Bürgersinns und das aktive Eintreten für die bürgerliche, kulturelle, soziale und allgemeine Entwicklung der Gesellschaft. Darüber hinaus wollen die Lions Freundschaft, Tatkraft und vorbildliche Haltung in allen beruflichen und persönlichen Bereichen pflegen.

Seit 1987 nimmt der Club auch Frauen auf. Daneben gibt es auch reine Frauenclubs. Von den Mitgliedern wird erwartet, dass sie volljährig sind, gut beleumdet, charakterlich geeignet und sich in beruflicher Hinsicht bewährt haben. Lions Clubs setzen sich u. a. weltweit für die Bekämpfung der Blindheit ein und organisieren Brillenrecycling-Projekte. Darüber hinaus engagieren sie sich für die humanitäre Unterstützung von bedürftigen Jugendlichen und organisieren Jugend-Austauschprogramme. Der Service Club unterhält auch eine eigene Jugendorganisationen, die Leo Clubs, in Deutschland mit rund 2500 Mitgliedern. Sie stehen nicht nur den Kindern der Lions-Mitglieder, sondern allen interessierten Jugendlichen offen. Sitz der Gesamtleitung von Lions International ist Oak Brook/Illinois. In Deutschland treffen sich die Mitglieder regelmäßig zweimal im Monat – meist zu Vorträgen. Im Internet: www.lions-club.de.

Rotarier Seinen Namen erhielt der »Rotary Club« wegen der »rotierenden« Versammlungsorte in seinen Anfangsjahren. Gegründet wurde er von dem Rechtsanwalt Paul Harris am 23. Februar 1905 in Chicago. Derzeit gibt es 31 600 Clubs in 166 Ländern mit ca. 1,2 Millionen Mitgliedern. In Deutschland sind 43 000 Rotarier aktiv. Nach dem Motto »Service above Self« – selbstloses Dienen – setzen sich die Mitglieder neben der Pflege der Freundschaft, der Anerkennung hoher ethischer Grundsätze im Privat- und Berufsleben u. a. auch für die Förderung verantwortungsbewusster privater, geschäftlicher und öffentlicher Betätigung aller Rotarier ein. Der Club nimmt – auf Grund persönlicher Empfehlung – Frauen (seit 1990) und Männer auf, die eine Stellung im Beruf innehaben, die Führungsverantwortung verlangt oder zu dieser hinführt. Der Rotary Club ist weltanschaulich nicht gebunden. Von den Kandidaten wird erwartet, dass sie die freiheitlich-demokratische Grundordnung bejahen. Der Rotary Club setzt sich insbesondere für soziale bzw. gemeinnützige Projekte ein. Die Frauenvereinigung von Rotary International nennt sich »Inner Wheel«, ihr gehören ausschließlich die weiblichen Angehörigen von Rotariern an. Im Internet: www.rotary.de; www.rotarier.de.

»Freimaurerei ist unmodern und letztlich überholt«

Königliche Kunst zwischen Geheimnis und Öffentlichkeit

In letzter Zeit sind von freimaurerischer Seite zahlreiche Bücher erschienen, die einer breiteren Öffentlichkeit Aufschluss über die Geschichte und das Selbstverständnis des traditionellen Männerbundes geben. Im Vergleich zu früheren Jahren haben die Freimaurer ihre Anstrengung vergrößert, um das eigene Anliegen deutlicher und in publizistischer Hinsicht wirksamer zu vertreten. Ähnliches lässt sich bei Großlogen und örtlichen Logen beobachten: Im Internet finden sich zahlreiche Informationsseiten sowie Diskussionsforen, in denen das Gespräch mit der Öffentlichkeit gesucht wird (s. Anhang). Nicht zuletzt durch die Kooperation der masonischen Forschungsloge Quatuor Coronati mit universitären Einrichtungen bzw. mit nichtfreimaurerischen Forschern geht der deutsche Freimaurerbund neue Wege. Trotz dieser neuen Öffentlichkeitsarbeit bleibt Außenstehenden unklar, was Freimaurer in den Logen erleben und was über die nicht näher beschriebenen Rituale erreicht werden soll. Gerade an diesem Punkt halten sich die freimaurerischen Veröffentlichungen vornehm zurück – mit dem Hinweis, das individuelle Erleben eines Freimaurers müsse sich zwangsläufig einer objektiven Beschreibung entziehen.

Der Bund der Freimaurer sieht sich in Kontinuität eines jahrhundertealten Brauchtums. So stellt sich auch die Frage, inwieweit Reformen für die Zukunft der Freimaurerei erforderlich sind. Die Diskussion darüber steht noch am Anfang.

So wird durchaus selbstkritisch eingeräumt, dass sich die Logen in einem mehrfachen Spannungsverhältnis befinden: Da gibt es einerseits die Spannung zwischen hohen Idealen – Humanität, Brüderlichkeit und Toleranz – und tatsächlichen menschlichen Schwächen. Zudem wird der Anspruch erhoben, keine Religion oder Religionsgemeinschaft sein zu wollen, wohingegen implizit religiöse Vorstellungen in den Symbolen und Ritualen eine Rolle spielen. Dem Einzelnen soll nach freimaurerischem Verständnis die Möglichkeit gegeben werden, in seiner Persönlichkeit zu reifen – in brüderlicher Gemeinschaft, wobei auf feste Glaubensvorgaben verzichtet werden soll. Es kann aber sein, dass für manchen Freimaurer die Loge mehr ist als ein Diesseitsbund. Welchen zukünftigen Weg wählt die Freimaurerei in der Spannung zwischen Geheimnis und Öffentlichkeit? Gelingt es ihr, die freimaurerischen Werte über die Loge hinaus in die öffentliche Diskussion einzubringen? Wie gelingt letztlich der Spagat zwischen Traditionsbewahrung und Reform?

Die eigentümliche Spannung zwischen Geheimnis und Öffentlichkeit bleibt in der Freimaurerei nach wie vor bestehen. Freimaurer bleiben verschwiegene Männer. Sie schätzen die Tugend der Verschwiegenheit, die sie wiederum in einer Loge für unverzichtbar halten. Die Freimaurerei wird nicht zuletzt wegen ihres großen Traditionsbewusstseins und ihrer hohen Verbindlichkeit in Zeiten von Individualisierung und Traditionsverlust weiterhin sperrig sein – und es wohl auch bleiben. Vielleicht ist gerade das eines ihrer Geheimnisse.

Anhang

Chronologie

1717 24. Juni: Beginn der organisierten Freimaurerei durch den Zusammenschluss von vier Londoner Logen im Gasthaus »Zur Gans und zum Bratrost« zur Großloge von London
1723 Der schottische Geistliche James Anderson legt die erste Verfassung, die sog. »Alten Pflichten« vor, die von der Großloge genehmigt werden.
1725 Gründung der Großloge von Irland; erste Loge in Paris
1731 14. Mai: Aufnahme des Herzogs Franz Stephan von Lothringen (später Kaiser Franz I.) in Den Haag
1736 Gründung der ersten Schweizerischen Loge in Genf
1737 6. Dezember: Errichtung der ersten deutschen Loge »Absalom zu den drei Nesseln« in Hamburg
1738 Gründung der ersten Loge in Dresden; 14./15. August: Aufnahme Friedrichs des Großen, damals noch Kronprinz, in Braunschweig durch die Hamburger Loge
1740 September: Gründung der Loge »Zu den drei Weltkugeln« in Berlin

1742	14. September: Die erste Loge (»Zu den drei Kanonen«) wird in Wien durch die Breslauer Loge errichtet.
1745	Freimaurerverbot in der Republik Bern
1755	Gründung der Großloge von Frankreich, die sich seit 1773 »Grand Orient de France« nennt
1784	Gründung der Großen Landesloge von Österreich
1798	Gründung der Großen Loge »Royal York«, genannt »Zur Freundschaft«, in Berlin
1844	Gründung der Schweizerischen Großloge »Alpina«
1870	Mit Beginn des Deutsch-Französischen Krieges brechen die deutschen Freimaurer ihre Beziehungen zu den französischen Brüdern ab.
1877	Der Großorient von Frankreich entfernt aus seinen Ritualtexten die Bezeichnung »Allmächtiger Baumeister aller Welten«, woraufhin die angelsächsischen Großlogen die Beziehungen zu Frankreich abbrechen.
1914	Mit Beginn des Ersten Weltkriegs lassen die altpreußischen Großlogen in Deutschland ihre Beziehungen zu den Kriegsgegnern ruhen.
1918	Gründung der Großloge von Wien
1933/34	NS-Terrorwelle und -Übergriffe; Anpassungsversuche einzelner Großlogen in der Zeit des Nationalsozialismus durch Umbenennungen und Veränderungen in den Ritualtexten; Selbstauflösung
1935	Verbot der Freimaurerei in Deutschland, Beschlagnahmung von Logenhäusern und Einrichtung von »Antifreimaurerischen Museen«
1938	Auflösung der »Großloge von Wien« nach der Annektierung Österreichs; Verhaftung und Verfolgung freimaurerischer Funktionsträger

1939	Mit Beginn des Zweiten Weltkriegs und der Besetzung vieler europäischer Länder kommt die Freimaurerei fast zum Erliegen.
1945	Neubeginn freimaurerischen Lebens im westlichen Teil Deutschlands; ab 1946 ist die Freimaurerei in den sowjetisch besetzten Gebieten nicht mehr existent.
1949	Gründung der Vereinigten Großloge von Deutschland in der Frankfurter Paulskirche
1958	Gründung der »Vereinigten Großlogen von Deutschland«
1970	Die Große National-Mutterloge »Zu den Drei Weltkugeln«, die Provinzial-Großlogen der Britischen Freimaurer und die American-Canadian Provincial Grand Lodge werden in die »Vereinigten Großlogen von Deutschland« integriert.
1980	Skandal um die »P2-Loge« in Italien
1989	Nach 50-jährigem Verbot: Beginn der Reaktivierung des freimaurerischen Lebens auf dem Gebiet der früheren DDR; Gründung von Logen in Ungarn
1990	Großloge der Tschechoslowakei (später Großloge von Tschechien)
1991	Großloge von Polen
1995	Großloge von Russland
2005	Großloge der Ukraine

Berühmte Freimaurer

Anderson, James (ca. 1680–1739), Prediger an der Kirche der schottischen Presbyterianer, Verfasser der »Alten Pflichten«

Armstrong, Louis (1900–1971), amerikanischer Jazzmusiker

Blum, Robert (1807–1848), deutscher demokratischer Politiker, Abgeordneter zur Frankfurter Nationalversammlung

Bluntschli, Johann Caspar (1808–1881), Schweizer Rechtswissenschaftler und Politiker

Böhm, Karl-Heinz (1928), Schauspieler, Begründer des Hilfswerkes »Menschen für Menschen«

Börner, Holger (1931–2006), Ministerpräsident von Hessen

Churchill, Sir Winston Leonard Spencer (1874–1965), Britischer Staatsmann, Premierminister, Schriftsteller und Literatur-Nobelpreisträger (1953)

Claudius, Matthias (1740–1815), deutscher Volksdichter

Dehler, Thomas (1897–1967), Bundesvorsitzender der FDP

Doyle, Sir Arthur Conan (1859–1930), Arzt, englischer Schriftsteller (»Sherlock Holmes«)

Friedrich II. (1712–1786), König von Preußen

Gable, Clark (1901–1960), amerikanischer Filmschauspieler

Goethe, Johann Wolfgang von (1749–1832), deutscher Dichter, Dramatiker, Romanschriftsteller und Wissenschaftler

Kipling, Joseph Rudyard (1865–1936), Schriftsteller (»Das Dschungelbuch«), Literatur-Nobelpreisträger (1907)

Mozart, Wolfgang Amadeus (1756–1791), Musik- und Opernkomponist (»Die Zauberflöte«)

Ossietzky, Carl von (1889–1938), Publizist, Friedensnobelpreisträger 1935

Reuß, Theodor (1855–1923), Opernsänger, Journalist und Okkultist

Roosevelt, Franklin Delano (1882–1945), 32. Präsident der USA

Roosevelt, Theodore (1858–1919), 26. Präsident der USA

Springer, Axel Caesar (1912–1985), deutscher Verleger

Stresemann, Gustav (1878–1929), deutscher Staatsmann, Reichskanzler, Reichsaußenminister, Friedensnobelpreisträger

Swift, Johnathan (1667–1745), irischer Schriftsteller (»Gullivers Reisen«)

Tucholsky, Kurt (1890–1935), deutscher Journalist und Schriftsteller

Twain, Mark (1835–1910), amerikanischer Schriftsteller

Voltaire [François Marie Arouet] (1694–1778), französischer Schriftsteller, Dichter und Philosoph der Aufklärung

Washington, George (1732–1799), 1. Präsident der USA

Zilk, Helmut (1927), österreichischer Politiker, Bürgermeister und Landeshauptmann von Wien

Internetadressen in Auswahl

Deutschland

Großlogen
www.freimaurer.org Vereinigte Großlogen von Deutschland – Bruderschaft der Freimaurer
www.freimaurerei.de Großloge der Alten Freien und Angenommenen Maurer von Deutschland
www.freimaurerorden.de Große Landesloge der Freimaurer von Deutschland
www.3wk.org Große National-Mutterloge »Zu den drei Weltkugeln«
www.freimaurer.org/acgl American Canadian Grand Lodge AF&AM
www.freimaurer.org/gl_bfg The Grand Lodge of British Freemasons in Germany

Hochgradsysteme
www.york-ritus.de
www.aasr.net

Feminine Freimaurerei
www.freimaurerinnen.de

Gemischte Freimaurerlogen
www.gemischte-freimaurerei.de
www.droit-humain.org/deutschland
www.sgovd.org

Wissenschaftliche Erforschung der Freimaurerei
www.freimaurerforschung.de
www.freimaurer.org/quatuor.coronati

Häufige Fragen zur Freimaurerei
www.freimaurer.org/faq/index.htm
www.internetloge.de

Museum, Bibliothek
www.freimaurer.org/bibliothek

Freimaurerische Rituale, Hochgrade
www.stelling.nl/vrijmetselarij/ritualen.html

England

www.grandlodge-england.org Vereinigte Großloge von England, London
http://freemasonry.london.museum Freimaurer-Museum und Bibliothek in London

Österreich

Großloge von Österreich der Alten Freien und Angenommenen Maurer
(keine Internetadresse)
www.freimaurermuseum.at
www.freimaurer.at Großorient von Österreich – liberaler Freimaurerbund
www.freimaurer-hermetica.at Universaler Freimaurerorden (gemischte Freimaurerei)

Schweiz

www.freimaurerei.ch Schweizerische Großloge Alpina
www.glfs-masonic.ch Schweizerische Frauen-Großloge
www.g-o-s.ch Großorient der Schweiz
www.masonic.ch (verschiedene Logen in der Schweiz)
www.freimaurer.ch/verschiedenes/links.shtml (viele hilfreiche Verweise)

Ausgewählte Literatur

Biedermann, Edwin A. (²2007): Logen, Clubs und Bruderschaften. Düsseldorf.

Biedermann, Hans (1988): Das verlorene Meisterwort. Bausteine zu einer Kultur- und Geistesgeschichte des Freimaurertums. München.

Binder, Dieter A. (2006): Die Freimaurer. Ursprung, Rituale und Ziele einer diskreten Gesellschaft. Freiburg.

Dosch, Reinhold (1999): Deutsches Freimaurer-Lexikon. Bonn.

Giese, Alexander (³1997): Die Freimaurer. Eine Einführung. Wien.

Goeller, Tom (2006): Freimaurer. Aufklärung eines Mythos. Berlin.

Grüter, Thomas (2006): Freimaurer, Illuminaten und andere Verschwörer. Wie Verschwörungstheorien funktionieren. Frankfurt a. M.

Hodapp, Christopher (2006): Freimaurer für Dummies. Weinheim.

Hoffmann, Stefan-Ludwig (2000): Die Politik der Geselligkeit. Freimaurerlogen in der deutschen Bürgergesellschaft 1840–1918. Göttingen.

Kraus, Michael (Hg.) (2007): Die Freimaurer. Salzburg.

Lennhoff, Eugen / Posner, Oskar / Binder, Dieter

A. (⁵2006): Internationales Freimaurerlexikon (= 5. überarbeitete und erweiterte Neuauflage der Ausgabe von 1932). München.

MacNulty, W. Kirk (2006): Die Freimaurer. Das verborgene Wissen. Geschichte – Symbole – Geheimnisse der Logen. München.

Mellor, Alec (1985): Logen, Rituale, Hochgrade. Handbuch der Freimaurerei (Sonderausgabe). Graz.

Melzer, Ralf (1999): Konflikt und Anpassung. Freimaurerei in der Weimarer Republik und im »Dritten Reich«. Wien.

Meyer, Marcus / Hofschen, Heinz-Gerd (2006): Licht ins Dunkel. Die Freimaurer und Bremen. Bremen.

Minder, Robert A. (2004): Freimaurer Politiker Lexikon. Innsbruck.

Neuberger, Helmut (2001): Winkelmaß und Hakenkreuz. Die Freimaurer und das Dritte Reich. München.

Pöhlmann, Matthias (⁴2008): Verschwiegene Männer. Freimaurer in Deutschland, EZW-Texte 182. Berlin.

Reinalter, Helmut (²2001): Die Freimaurer. München.

Ders. (Hg.) (2007): Handbuch der freimaurerischen Grundbegriffe. Innsbruck.

Scherm, Gerd (2007): Das »Dan Brown-Syndrom«: Freimaurerei im Umfeld postmoderner Fantasy-Welten und Verschwörungsvorstellungen; im Internet zugänglich unter www.scherm.de/essays/Dan-Brown.htm

Terhart, Franjo (2004): Freimaurer. Kreuzlingen.